MW00960673

ARCÁNGELES
MIGUEL, GABRIEL, RAFAEL Y URIEL

ORACIONES, PLEGARIAS Y NOVENAS

LA ATENAS
DE AMÉRICA

Arcángeles. Miguel, Gabriel, Rafael y Uriel. Oraciones, plegarias y novenas
ISBN: 9798613716814
AMAZON
Sello: Independently published
2020
Edición: Aarón Valdovinos Barragán

PRESENTACIÓN

Para el cristianismo, los arcángeles son una especie de ángeles mayores o ángeles superiores. Los más conocidos son Miguel (jefe del ejército celestial), Gabriel (mensajero celestial), Rafael (protector de los viajeros, de la salud y del noviazgo) y Uriel (encargado de las tierras y de los templos de Dios.

A lo largo de los años y de una fe creciente, se han formulado oraciones, plegarias y novenas para solicitar milagros en la salud, el amor y el dinero.

Esta es una compilación práctica, breve y sencilla que permite a los creyentes una comunicación angelical para solicitar una efectiva intercesión divina para la resolución de las distintas necesidades de la vida.

ÍNDICE

Pág.

ARCÁNGEL SAN MIGUEL

ARCÁNGEL SAN GABRIEL

ARCÁNGEL SAN RAFAEL

ARCÁNGEL SAN URIEL

ARCÁNGEL SAN MIGUEL

SALUDO A SAN MIGUEL

¡Oh San Miguel, príncipe glorioso de las Milicias Celestiales! El Señor está contigo, tú eres bendito entre todos los angélicos coros, y bendita sea siempre la Santísima Trinidad, que tantos dones, gracias, favores y privilegios te quiere enriquecer. San Miguel, Protector de la Iglesia Universal, ruega por nosotros y socórrenos en nuestra miseria. Libéranos del demonio ahora y en el fin de nuestras vidas, después de la cual esperamos la liberación de las penas del purgatorio y ser introducidos a la presencia de Dios. Amén.

ORACIÓN DE COMBATE A SAN MIGUEL

Se llama primero a San Miguel, pidiéndole permiso al Padre celestial con el rezo de un Padrenuestro. Luego se dice la oración que se enseñó para estos tiempos:

San Miguel Arcángel: Defiéndenos en la pelea contra Satanás y sus demonios; sed nuestro amparo y protección; que el Altísimo os dé el poder y el permiso para que nos asistáis y que Dios haga oír su voz imperiosa para que expulse a Satanás y sus demonios que quieren hacer perder la humanidad. Que tu grito: "Quién como Dios, nadie es como Dios", someta a Satanás y sus demonios bajo nuestros pies. Amén.

GLORIOSO PRÍNCIPE SAN MIGUEL

¡Oh Glorioso Príncipe, San Miguel, Jefe Principal de la Milicia Celestial; Guardián fidelísimo de las almas; Vencedor eficaz de los espíritus rebeldes; fiel Servidor en el Palacio del Rey Divino! Sois nuestro admirable Guía y Conductor. Vos que brilláis con excelente resplandor y con virtud sobrehumana, libradnos de todo mal. Con plena confianza recurrimos a vos. Asistidnos con vuestra afable protección; para que seamos más y más fieles al servicio de Dios, todos los días de nuestra vida.

V. Rogad por nosotros, ¡oh Glorioso San Miguel! Príncipe de la Iglesia de Jesucristo.

R. Para que seamos dignos de alcanzar Sus Promesas.

ORACIÓN A SAN MIGUEL ARCÁNGEL

San Miguel Arcángel, defiéndenos en la batalla. Sé nuestro amparo contra la perversidad y asechanzas del demonio. Reprímale Dios, pedimos suplicantes, y tú Príncipe de la Milicia Celestial, arroja al infierno con el divino poder a Satanás y a los otros espíritus malignos que andan dispersos por el mundo para la perdición de las almas. Amén.

SÚPLICA A DIOS PADRE

Omnipotente y Eterno Dios, os adoramos y bendecimos. En vuestra maravillosa bondad, y con el misericordioso deseo de salvar las almas del género humano, habéis escogido al Glorioso Arcángel, San Miguel, como Príncipe de Vuestra Iglesia.

Humildemente os suplicamos, Padre Celestial, que nos libréis de nuestros enemigos. En la hora de la muerte, no permitáis que ningún espíritu maligno se nos acerque, para perjudicar nuestras almas. Oh Dios y Señor Nuestro, guiadnos por medio de este mismo Arcángel. Enviadle que nos conduzca a la Presencia de Vuestra Excelsa y divina Majestad. Os lo pedimos por los méritos de Jesucristo, Nuestro Señor. Amén.

PRÍNCIPE GLORIOSÍSIMO

Glorioso Príncipe, San Miguel Arcángel, yo, tu humilde siervo te saludo por intermedio del

Sacratísimo Corazón de nuestro Señor Jesucristo, te ofrezco mi amor por el aumento de tu alegría, de tu fortaleza y de tu gloria. Doy gracias a Dios por las bendiciones que Él trae para ti y con el que quiere honrarte y exaltarte a ti por encima de todos los otros ángeles. Yo especialmente me encomiendo a tu cuidado en la vida y en la muerte.

Quédate junto a mí, ahora y siempre, sobre todo al final de mi vida. Tuviste la amabilidad de la consolarme, fortalecerme y protegerme.

Obtuviste para mí un aumento en la fe, en la esperanza y en la caridad. No permitas que me aparte de la fe, ni que caiga en la trampa de la desesperación, ni dar por sentado las buenas obras que realizo y pensar que siempre me encuentro en medio de la gracia de Dios. Obtener para mí el perdón de mis pecados, la humildad, la paciencia y otras virtudes, la perseverancia en el bien verdadero, y la gracia final que me puede dar la gloria a Dios. Amén.

ORACIÓN PARA REZAR
EN EL LUGAR DE TRABAJO

San Miguel Arcángel, Príncipe de la Milicia Celestial, acompáñanos con tus ángeles en este lugar de trabajo. Que tus ángeles nos protejan. No permitas que nada malo nos pase y que nada malo hagamos. Y que otra partida de tus ángeles, ¡Oh, Príncipe de la Milicia Celestial! vuelen a nuestros hogares, Invadan nuestras habitaciones, rodeen a nuestros seres queridos y los protejan allí donde estén, allí donde vayan, para que nada malo les pase. Amén.

ORACIÓN POR LA FAMILIA

Arcángel San Miguel, protector y guardián de los hombres, tú que brillas con resplandor, líbranos de todo mal. Con plena confianza recurrimos a ti para que guardes en unión y amor a nuestras familias. Fortalece con tu presencia la unión familiar y libérala de todo egoísmo y discordia. Amén.

ORACIÓN POR LOS CONSAGRADOS Y VOCACIONES

Arcángel San Miguel, protector y guardián de los hombres, tú que brillas con resplandor, líbranos de todo mal. Asístenos con tu presencia para que los Consagrados y Sacerdotes sean más fieles a la Palabra de Dios y más generosos en el servicio a los hermanos. Que por tu intercesión muchos jóvenes se consagren al seguimiento de Jesús en la vida sacerdotal y religiosa. Amén.

ORACIÓN POR LOS QUE SUFREN

Arcángel San Miguel, protector y guardián de los hombres, tú que brillas con resplandor, líbranos de todo mal. Humildemente te pedimos que asistas a los que sufren en su cuerpo y en su alma. No permitas que ningún espíritu maligno se nos acerque para perjudicar nuestro caminar hacia el Eterno Padre. Ayúdanos a sufrir con amor lo que nos toca en esta vida para llegar purificados a Dios. Amén.

ORACIÓN PARA PEDIR PROTECCIÓN DEL CIELO

¡Oh gloriosísimo San Miguel Arcángel! Príncipe y caudillo de los ejércitos celestiales, custodio y defensor de las almas, guarda de la iglesia, vencedor, terror y espanto de los rebeldes espíritus infernales. Humildemente te rogamos, te dignes librar de todo mal a los que a ti recurrimos con confianza; que tu favor nos ampare, tu fortaleza nos defienda y que, mediante tu incomparable protección adelantemos cada vez más en el servicio del Señor; que tu virtud nos esfuerce todos los días de nuestra vida, especialmente en el trance de la muerte, para que defendidos por tu poder del infernal dragón y de todas sus asechanzas, cuando salgamos de este mundo seamos presentados por ti, libres de toda culpa, ante la Divina Majestad. Amén.

ORACIÓN POR LOS JÓVENES Y NIÑOS

Arcángel San Miguel, protector y guardián de los hombres, tú que brillas con resplandor, líbranos de todo mal. Tú que eres la "Victoria de Dios", haz que nuestros niños y jóvenes vivan el Reino de Dios con generosidad y entrega. Libra a los niños y a los jóvenes de las mentiras del maligno; del engaño del consumismo y del individualismo. Amén.

NOVENA A SAN MIGUEL DE 1684
PADRE FRANCISCO GARCÍA
COMPAÑÍA DE JESÚS
CUÁNDO SE DEBE REZAR

En cualquier tiempo del año, en que necesitamos y deseamos alcanzar de San Miguel alguna merced, se puede hacer esta Novena, será agradable al Santo Arcángel fuera de estas ocasiones, disponernos con ella para la fiesta de su Aparición que es el 8 de mayo, empezándola el 30 de abril y acabándola para el día de la Aparición. Y para la fiesta de su Dedicación que es el 29 de septiembre, empezando el 21 de ese mes y acabando el día de la Dedicación.

CONDICIONES

En uno de los días de la Novena, se ha de confesar y comulgar con la mayor preparación y disposición que fuese posible y será bueno ayunar algún día a la honra de San Miguel, que puede ser el viernes que cayera dentro de la Novena. Y procure quien la hace obligar a los ángeles con una gran pureza de cuerpo y alma, andando los nueve días con especial cuidado de evitar toda culpa y particularmente contraria a la castidad, que es virtud angélica. Quien fuera de esto hiciere limosnas y otras buenas obras en reverencia de los Soberanos Espíritus, los obligará más a que intercedan con Dios para que alcance lo que desea, si conviniere para su salvación y si no le alcanzará de su Majestad otra cosa mejor y más conveniente para la Bienaventuranza.

PRIMER DÍA

Hincándose delante de un Altar o imagen de San Miguel, se hará la Señal de la Cruz, se dará gracias a Dios por todos los beneficios obtenidos, los que le ha hecho a San Miguel y ofrecerá a mayor Gloria de Dios, honra de María Santísima, de San Miguel y de todos los santos sus acciones, palabras y pensamientos.

ACTO DE CONTRICIÓN

Señor mío, Jesucristo, Dios y hombre verdadero, Creador, Padre, Redentor mío, por ser vos quien sois, bondad infinita y porque os amo sobre todas las cosas, me pesa de todo corazón haberos ofendido, también me pesa porque podéis castigarme con las penas del infierno. Animado con tu divina gracia, propongo firmemente nunca más pecar, confesarme y cumplir la penitencia que me fuera impuesta, para el perdón de mis pecados. Amén

ORACIÓN

Soberano Arcángel San Miguel y excelentísimo Príncipe de la Corte Celestial.

¿Quién no podría ser vuestro devoto, pagando así a vuestros devotos? ¿Quién no os servirá con mucho cuidado si de esta manera pagáis los servicios que os hacen? Mas para que yo os ame, basta saber el amor que me tenéis y al cual no puedo corresponder con igual amor.

Para que os sirva no es necesario prometerme nuevos favores, con los ya otorgados me tenéis más que obligado de lo que podré jamás pagar ni reconocer. Pero ya que no puedo con obras responder a tantas mercedes, recibid palabras y afectos. Gracias os doy excelso y sublime Espíritu, porque defendisteis la Honra y la Gloria de mi Señor Jesucristo y por todos los servicios que en toda la vida le hicisteis a Él y a su Santísima Madre.

Gracias os doy por el ángel que habéis destinado a mi guarda y por los otros servicios generales y particulares que por vos mismo o por medio de vuestros ángeles me habéis otorgado, los cuales no conozco bastantemente en esta vida, ni los puedo dignamente agradecer y por ello pido y suplico al ángel de mi guarda, que en mi nombre os lo agradezca y también lo que habéis hecho a la humanidad y a la Santa Iglesia, de la cual soy miembro.

Me alegro de todos los privilegios, gracias, prerrogativas, dignidades y dones naturales y sobrenaturales con que el Señor os ha honrado y enriquecido y doy al Señor eternas gracias por ello, porque así os quiero exaltaros. Defendedme oh valerosísimo Capitán de los Ejércitos de Dios, enviad en mi socorro a vuestros soldados para que me defiendan de los demonios y no me rinda a sus combates y tentaciones. Mandad a vuestros ángeles que me guíen para que no ande errado y que me alumbren para que no ande ciego y que pongan sus manos para que no tropiecen mis pies en el camino peligroso de la vida.

Asistidme con vuestros ángeles en el momento de mi muerte y alcanzadme del Señor contrición verdadera de mis culpas, para que, presentada mi alma ante vuestro tribunal, merezca ser presentada por vuestras manos ante el Tribunal de la Santísima Trinidad y entrar en la posesión de la Gloria donde alabe al Señor para siempre y os dé eternas gracias de haber conseguido con vuestra intercesión la bienaventuranza. Amén.

ORACIÓN

(*Esta es la única oración que se va cambiando día a día, el resto desde el principio se mantiene igual*)

Dios y Señor de los Ángeles, a quien encomendáis la guarda de los hombres, os ofrezco los merecimientos de los soberanos Espíritus y los del príncipe de los Ángeles San Miguel, que por Ti y por medio de tus Ministros guarda la naturaleza humana, para que me guardéis de todo pecado con una pureza angélica y me concedáis lo que pido en esta Novena, a mayor gloria y honra vuestra. Amén

Nueve veces cada día, el Padre Nuestro (9) y el Avemaría (9), en reverencia de los nueve Coros de los Ángeles y del Caudillo de todos, San Miguel a quien dirá la oración siguiente:

Príncipe gloriosísimo San Miguel, Capitán y Caudillo de los Ejércitos Celestiales, recibidor de las almas, vencedor de los malignos espíritus, Ciudadano del Señor y Gobernador después de Jesucristo de la Iglesia de Dios y de gran excelencia y virtud, libra a todos los que te llamamos y haznos aprovechar en el servicio de Dios por tu precioso oficio y dignísima intercesión.

Ruega por nosotros Beatísimo San Miguel, Príncipe de la Iglesia de Cristo. Para que seamos dignos de las promesas de Dios.

ORACIÓN

Todopoderoso sempiterno Dios, que por tu gran clemencia para la salud humana nombraste al Glorioso San Miguel Arcángel maravillosamente por Príncipe de la Iglesia, concédenos que por su saludable protección merezcamos aquí ser defendidos de todos los enemigos, y en la hora de nuestra muerte, libres y salvos seamos presentados a tu Divina y Soberana Majestad, por Jesucristo Nuestro Señor. Amén.

Luego alentando la confianza con las palabras que le dictara el propio afecto, o con los afectos que le diera la propia devoción, pedirá a San Miguel el favor particular que desea y dirá esta conmemoración:

21

¡Oh glorioso príncipe, arcángel San Miguel, que os acordáis de nosotros aquí y en todo lugar, rezad siempre al Hijo de Dios por nosotros, Aleluya, Aleluya!

V. A los ojos de los ángeles cantaré a Ti, oh Dios.

R. Y adoración hacia tu Santo Templo y confesaré Tu nombre.

OREMOS

Oh Dios, que en un orden maravilloso has creado los ministerios de los ángeles y a los hombres, haz que tus santos ángeles que están a tu servicio, en todo momento nos socorran a los que estamos aquí en la Tierra, por Nuestro Señor Jesucristo. Amén.

Conmemoración a Nuestra Señora (*Sancta Maria, succurre miseris*)

Santa María, socorre a los miserables, ayuda a los pobres, conforta a los que lloran. Ora por tu pueblo, intervén por el clero, intercede por las devotas mujeres. Que experimenten tu ayuda, todos los que celebran tu festividad

V. Ruega por nosotros, Santa Madre de Dios

R. Para que seamos dignos de alcanzar las promesas de Nuestro Señor Jesucristo. Amén

OREMOS

Concede Oh Señor y Dios nuestro, a los que somos tus siervos, gozar de perpetua salud de alma y cuerpo, y que por la gloriosa intercesión de la Bienaventurada siempre Virgen María, nos libremos de las tristezas presentes y disfrutemos las alegrías eternas, por nuestro Señor Jesucristo. Amén.

CONMEMORACIÓN DE SAN RAFAEL

Yo soy el Arcángel San Rafael, que asiste siempre delante del Trono de Dios, para bendecirlo y contar todas sus maravillas. Aleluya.

V. Se puso un ángel cerca del altar del templo.

R. Con un incensario de oro en la mano.

OREMOS

Oh Dios que bendijiste a tu siervo Tobías al enviarle al Arcángel San Gabriel para que fuese su compañero en sus caminos y buen y certero consejero. Concédenos a nosotros también, tus siervos, que seamos protegidos por este mismo arcángel y auxiliados por él en todo momento. Amén

CONMEMORACIÓN DE SAN IGNACIO

Bien está, siervo bueno y fiel, porque has sido fiel en lo poco, te daré el cuidado de lo mucho; entra en el gozo de tu Señor.

V. Nuestro Dios lo guió por caminos de justicia

R. Y le reveló el Reino de Dios.

OREMOS

Oh Dios que enviaste a la Iglesia Militante una nueva ayuda por medio del bienaventurado San Ignacio, para propagar la mayor gloria de tu nombre, concédenos, que luchando nosotros a ejemplo suyo y mediante su intercesión en la Tierra, merezcamos ser coronados juntamente con él en el Cielo. Por nuestro Señor Jesucristo. Amén

CONMEMORACIÓN DE SAN FRANCISCO JAVIER

Despreció el mundo y sus riquezas y todas las cosas terrenales.

V. El Señor lo amó y lo embelleció.
R. Y le vistió de gloria.

OREMOS

Oh Dios, que tanto te complace los milagros y la evangelización de tu sirvo Francisco Javier en la unión de las Indias (oriente asiático y Japón) a la Santa Iglesia, concédenos que nosotros podamos venerar sus gloriosos méritos y seguir su ejemplo y sus virtudes, por Nuestro Señor Jesucristo que vive y reina en la unidad del espíritu Santo por los siglos de los siglos. Amén.

SEGUNDO DÍA

En este día y en todos los demás, se ha de hacer y decir lo mismo que en el primero, variando sólo la Oración de los Ángeles, que se pone para cada día. Y así empezará con el Acto de contrición y luego la Oración que empieza Soberano Ángel y después la de este segundo día que es la siguiente:

ORACIÓN

Dios y Señor de los Arcángeles a quien encomendaste los negocios gravísimos de vuestra Gloria, os ofrecemos los merecimientos de estos nobilísimos Espíritus y los de San Miguel Arcángel, que defendió vuestra honra y gloria contra Lucifer y sus ángeles, para que yo busque en todas las cosas vuestra mayor Gloria y me deis lo que pido en esta Novena. Amén

TERCER DÍA

Dios y Señor de los Principados, a quienes encomendaste la guarda de los Reinos, os ofrezco los merecimientos de los excelentísimos Espíritus y los del Príncipe de la Milicia Celestial San Miguel. Guardia Mayor de todos los Reinos Cristianos, para que guardéis el estado de mis sentidos y potencias de todo desorden y desobediencia a vuestras leyes divinas y me concedáis lo que pido en esta Novena, a mayor y gloria vuestra. Amén.

CUARTO DÍA

Dios y Señor de las Potestades, que tienen especial poder para frenar a los demonios, os ofrecemos los merecimientos de los poderosísimos Espíritus y los de vuestro Siervo San Miguel Arcángel, que alcanzó de los demonios la mayor victoria y con la misma felicidad pelea continuamente contra ellos a favor de los hombres, para que me defendáis de todas las tentaciones del mundo, del demonio y de la carne y me deis lo que pido en esta Novena, a mayor honra y gloria vuestra. Amén.

QUINTO DÍA

Dios y Señor de las virtudes, por los cuales hacéis milagros propios de vuestro soberano poder, violentando a la naturaleza, para que sirva a vuestra gloria, os ofrecemos de estos prodigiosos Espíritus y los de San Miguel, principal instrumento de todas las maravillas que se hacen en el mundo, para que me concedáis que vencidas las malas inclinaciones de mi corrompida naturaleza, conserve y aumente vuestra gracia y consiga lo que pido en esta Novena, a mayor honra y gloria vuestra. Amén.

SEXTO DÍA

Dios y Señor de las Dominaciones, que presiden los Coros inferiores y son Ministros de vuestra Providencia, os ofrecemos los merecimientos de estos Eminentísimos Espíritus y los de vuestro primer

Ministro San Miguel, Principal del Paraíso, para que me concedáis perfecto dominio sobre mis pasiones y perfecta obediencia a todos mis superiores y la gracia que pido en esta Novena, a mayor honra y gloria vuestra. Amén.

SÉPTIMO DÍA

Dios y Señor de los Tronos, en quien descansáis como en Trono de vuestra Gloria y os sentáis como en Tribunal de Justicia, os ofrecemos los merecimientos de estos altísimos Espíritus y los de San Miguel Arcángel. Trono de vuestra grandeza y Ministro supremo de vuestra Justicia, para que me concedáis que yo me juzgue a mí mismo con rigor, para ser después juzgado con piedad y consiga lo que pido en esta Novena, a mayor honor y gloria vuestra. Amén.

OCTAVO DÍA

Dios y Señor de los Querubines, que estáis adornado de perfectísima sabiduría, os ofrecemos los merecimientos de estos Sapientísimos Espíritus y de San Miguel, Príncipe de los Sabios del Cielo, por quien enseñáis a vuestra Iglesia las verdades que necesita saber, para que me enseñéis a temeros y amaros que es la mayor sabiduría y me concedáis lo que pido en esta Novena, a mayor honra y gloria vuestra. Amén.

NOVENO DÍA

Dios y Señor de los Serafines, que se abrazan en vuestro amor, os ofrecemos los merecimientos de estos ardentísimos Espíritus y los de vuestro amado y amante San Miguel, para que yo os ame a Vos, único Señor y Dios mío, sobre todas las cosas, con toda el alma, todo el corazón y con todas las fuerzas y para que me concedáis lo que pido en esta Novena, a mayor honra y gloria vuestra. Amén.

NOVENA ALTERNATIVA A SAN MIGUEL

La Novena se desarrolla durante nueve días, y consiste en una parte común y nueve jaculatorias distintas para cada día.

Honrando a San Miguel, los pueblos atraen incalculables beneficios. Invocándole nos defiende y conduce al Cielo.

En el Nombre del Padre y del Hijo y del Espíritu Santo.

Oraciones para todos los Días

Yo, pecador me confieso a Dios todopoderoso a la bienaventurada siempre Virgen María, al bienaventurado San Miguel Arcángel, al bienaventurado san Juan Bautista, a los santos Apóstoles Pedro y Pablo, a todos los santos, y a vosotros, hermanos, que pequé gravemente con el pensamiento, palabra y obra; por mi culpa, por mi culpa, por mi gravísima culpa.

Por tanto, ruego a la bienaventurada siempre Virgen María, al bienaventurado San Miguel Arcángel, al bienaventurado san Juan Bautista, a los santos Apóstoles Pedro y Pablo, a todos los santos, y a vosotros, hermanos, que roguéis por mí a Dios nuestro Señor. Amén

San Miguel, Primado entre los Príncipes del Cielo, os ofrezco mis alabanzas y devoción, porque Dios os ha creado tan excelente y tan perfecto y os ha dotado de un celo tan grande por su gloria y de una sumisión tan admirable a sus divinos decretos. San Miguel Arcángel, defiéndenos en la batalla. Sé nuestro amparo contra la perversidad y asechanzas del demonio. ¡Reprímale Dios! Pedimos suplicantes. Y tú, príncipe de la milicia celestial, arroja al infierno con el Divino Poder a Satanás y a los demás espíritus malignos que andan dispersos por el mundo para la perdición de las almas. Amén.

Celestial y purísimo Mensajero de Dios, dignaos alcanzarme de los Sagrados Corazones de Jesús y María un verdadero amor por Ellos, la sumisión a la divina Voluntad y la gracia de... (hágase aquí la petición que se desea obtener con la novena).

Padre Nuestro, tres Ave Marías y Gloria.

Sagrado Corazón de Jesús, venga a nosotros Tu reino. Bendito y alabado sea el Santísimo Sacramento del Altar, la Inmaculada Concepción de la Virgen María, Madre de Dios y Madre nuestra.

Terminar con la jaculatoria correspondiente a cada día.

ORACIONES PARA CADA DÍA

DÍA PRIMERO

María Inmaculada, Madre y dulce Medianera, Reina de los Cielos, humildemente os suplicamos intercedáis por nosotros. Ruega a Dios que envíe a San Miguel y a sus ángeles para apartar los obstáculos que se oponen al reinado del Sagrado Corazón en el mundo. Amén.

DÍA SEGUNDO

San Miguel, Ángel de los Santos combates, os ofrezco mis alabanzas y devoción por la inefable complacencia con que Dios os mira como defensor de su gloria. Amén.

DÍA TERCERO

San Miguel, Ángel de la Victoria, con devoción os alabo por la alegría con que Nuestro Señor Jesucristo os ve como celoso defensor de su divinidad y las victorias que conseguís sobre los enemigos de nuestras almas. Amén.

DÍA CUARTO

San Miguel, Ministro del Altísimo, con devoción os alabo por la ternura con que os mira la Santísima Virgen viendo los combates que habéis librado y libráis sin cesar para establecer el reinado de su amado Hijo, Dios y Redentor nuestro, en el mundo. Amén.

DÍA QUINTO

San Miguel, Guardián del Cielo, os alabo con devoción por la veneración, el amor y el honor que os rinden las jerarquías celestiales de las cuales sois augusto Príncipe. Amén.

DÍA SEXTO

San Miguel, Ángel del Santo Sacrificio, os alabo con devoción por el honor que os ha hecho nuestro Señor Jesucristo confiándoos la custodia de la Iglesia, su querida esposa y os ofrezco el reconocimiento y amor que la Santa Iglesia os profesa. Amén.

DÍA SÉPTIMO

San Miguel, Portador del estandarte de salvación, os ofrezco mis alabanzas con devoción por la importante misión que Dios os ha dado al confiaros las almas de todos los predestinados, defendiéndolas en la hora de la muerte de los asaltos del infierno, presentándolas ante Dios enteramente puras. Amén.

DÍA OCTAVO

San Miguel, Ángel de la Paz, os alabo con devoción por toda la fuerza, la dulzura y suavidad encerradas en vuestro santo nombre, delicia de vuestros verdaderos devotos. Amén.

DÍA NOVENO

San Miguel, Ángel del Perdón, os alabo con devoción por los inmensos beneficios que habéis derramado sobre nuestra Patria, siempre que ésta ha sido fiel a Dios, así como por la abnegación, reconocimiento y amor que os rinden vuestros servidores. Dignaos, os suplicamos, obtener de los Corazones de Jesús y de María aumenten vuestros devotos para obtener la salvación. Amén.

DOS ORACIONES A SAN MIGUEL

Me uno en oración al Corazón Inmaculado de nuestra Señora y Reina María, y a la Milicia Celestial de Arcángeles y Ángeles, dirigidas por San Miguel Arcángel, para repeler toda maldad de los demonios, sus agentes terrenales y huestes del mal. Hago extensiva esta oración a mis familiares: Padres, hermanos, esposa (o), hijos, parientes, amigos, vecinos y en general al mundo entero. Jesús, María y José, salvad las almas y llevadlas a la gloria del Cielo. La victoria es de nuestro Dios escrito está.

Bienaventurado San Miguel Arcángel, no nos desamparéis ni de noche, ni de día, protégenos en todos nuestros caminos de los ataques de los espíritus malignos y sus agentes del mal; guíanos por el buen sendero, ven en nuestro auxilio cuando nos sientas desfallecer; prepáranos e instrúyenos en el combate espiritual y ayúdanos a no desviarnos del camino del bien y a permanecer unidos en oración a nuestra Señora y Reina María, para que todos juntos como una sola familia esperemos el regreso triunfal de nuestro salvador.

ORACIÓN A SAN MIGUEL ARCÁNGEL CREADA POR EL PAPA LEÓN XIII

San Miguel Arcángel, defiéndenos en la lucha. Sé nuestro amparo contra la perversidad y acechanzas del demonio. Que Dios manifieste sobre él su poder, es nuestra humilde súplica. Y tú, oh Príncipe de la Milicia Celestial, con el poder que Dios te ha conferido, arroja al infierno a Satanás, y a los demás espíritus malignos que vagan por el mundo para la perdición de las almas. Amén.

LA ARMADURA ESPIRITUAL

Hijos míos, hijos de mi grey:

Estáis en tiempo de tribulación y escasez, apenas están comenzando los dolores para la humanidad. Cada día se acortará más y más, hasta llegar al límite; es allí donde comenzará el tiempo de mi justicia, la cual será tormento para uno y esperanza para otros.

¡Ya no hay marcha atrás! Cada día que pasa, se acerca más mi próxima venida, alegraos ovejas de mi redil; porque después de tanta ignominia y dolor por la que pasareis, al final brillará el sol de la esperanza; el sol de una nueva vida, que traerá la paz y la armonía en todos los confines de la Tierra.

Oren, oren, oren por la humanidad, es tiempo de oración y ayuno; es tiempo de suplicas y es tiempo de implorar misericordia al Padre Celestial, para que estos días de dolor y llanto, pasen lo más pronto posible. Que vuestras oraciones, súplicas, ayunos y sacrificios dependerán que se acorten o se alarguen.

Acordaos que mi Padre no se complace con vuestros sufrimientos, sois vosotros habitantes de la Tierra que con vuestro pecado, soberbia y adulterio espiritual, traeréis las guerras y la muerte, de vuestra oración dependerá la vida.

"Todo aquel que se aparte de mí perecerá. Ya el hacha está en la raíz del árbol, y todo árbol que no de fruto, será cortado, talado y tirado al fuego".

Ya sonaron las primeras trompetas anunciando que la batalla espiritual ha comenzado, recogeos y agrupaos y formad fortines de oración, para que os integréis a mis ejércitos Celestiales. El amor, la oración, unidos a la fe, serán las armas que destruyan toda fuerza del mal; debéis de repeler todo ataque que mi adversario os plantee; acordaos que vuestra mente y vuestra carne son presas fáciles de argucia de mi adversario, mortificar la carne y los sentidos con oración y ayuno, orad a todo instante para que ninguna fuerza del mal, pueda apartarlos de mi amor, reprendan espiritualmente espíritus de aire, envidia, venganza y Jezabel.

Todo grupo de oración y todo aquel que camine en mis caminos debe fortalecerse con la Armadura Espiritual de Efesios 6,10-18 y reforzarla con el Salmo 91.

La protección espiritual de mi Salmo 91 os protegerá, el será el pasaporte para salir a la calle, acordaos que no sabéis en qué lugar os sorprenderán las catástrofes, estáis avisados, esta Armadura que os doy hacedla también en fe por vuestros hijos y familiares a ellos también alcanzara mi protección espiritual. La hora de la justicia Divina ha comenzado y todos aquellos que son de la luz deben tener sus lámparas encendidas para que alumbren la oscuridad que se aproxima, y cieguen toda maldad y todo ataque del adversario.

Hijos míos, ovejas de mi grey, estas son las armas para el combate:

1. Armadura espiritual (Efesios 6. 10-18) (todos los días)

2. Rezo del Santo Rosario unidos espiritualmente a mi Madre (todos los días)

3. Salmo 91 (todos los días)

4. Poderosa Oración de Protección (todos los días)

5. Consagración a la Preciosa Sangre (rezar todos los días meditando)

6.-Cumplimiento de mis preceptos (Mandamientos de la Ley de Dios).

7. Estar en Gracia de Dios (Confesión y Comunión, ojalá mis guerreros reciban la Comunión Diaria)

8. Comunión Espiritual para los tiempos de la gran prueba, donde no vais a poder recibir mí cuerpo y

mi Sangre, Fe, confianza, esperanza, caridad, amor con vuestros hermanos, porque vais a ser probados en esto y ante todo en el amor.

ORACIÓN CONSTANTE Y VIGILANTE PARA QUE NO OS SORPRENDA LOS ATAQUES DEL ADVERSARIO.

Todo soldado debe estar listo y preparado, para que no lo sorprenda el enemigo sin protección. Estad pues atentos, andad despiertos para que no los coja la noche y no lo lamentéis. Adelante que la victoria es de vuestro Dios. Defended mi doctrina y mi verdad aun con vuestra vida, no os dejéis engañar, el arma sutil de las mentiras apartará a muchos de mí, haciéndolos perder la fe; sed mansos como ovejas y astutos como serpientes, no os dejéis confundir.

Uníos espiritualmente con la fuerza de la oración, unida al Corazón Inmaculado de María vuestra Madre y a los ejércitos celestiales de Ángeles y Arcángeles os darán la victoria.

Toda oración que hagáis hacedla en unión espiritual con mi Madre y mis Ángeles. Decid:

"Me uno en oración al Corazón Inmaculado de María y a los ejércitos Celestiales para repeler toda maldad de los demonios. Hago extensiva esta oración a mi familia, hermanos y parientes y en general al mundo entero. Jesús, María y José sálvanos de todo mal".

Que mi paz os acompañe. Que mi Madre y mis Ángeles os asistan. La Fuerza de mi Espíritu os guíe. Yo estaré con vosotros hasta la consumación de los tiempos.

Soy vuestro pastor:

Jesús Salvador de su pueblo.

Efesios 6. 10-18

Por lo demás, fortalézcanse en el Señor con la fuerza de su poder. Revístanse con la armadura de Dios, para que puedan resistir las insidias del demonio. Porque nuestra lucha no es contra enemigos de carne y sangre, sino contra los Principados y Potestades, contra los Soberanos de este mundo de tinieblas, contra los espíritus del mal que habitan en el espacio. Por lo tanto, tomen la armadura de Dios, para que puedan resistir en el día malo y mantenerse firmes después de haber superado todos los obstáculos. Permanezcan de pie, ceñidos con el cinturón de la verdad y vistiendo la justicia como coraza. Calcen sus pies con el celo para propagar la Buena Noticia de la paz.

Tengan siempre en la mano el escudo de la fe, con el que podrán apagar todas las flechas encendidas del Maligno. Tomen el casco de la salvación, y la espada del Espíritu, que es la Palabra de Dios. Eleven constantemente toda clase de oraciones y súplicas, animadas por el Espíritu. Dedíquense con perseverancia incansable a interceder por todos los hermanos.

Salmo 91

Tú que vives bajo la protección del Dios Altísimo y moras a la sombra del Dios Omnipotente, di al Señor: "Eres mí fortaleza y mí refugio, eres mi Dios en quien confió". Pues Él te librará de la red del cazador, de la peste mortal; te cobijará bajo sus alas y tú te refugiarás bajo sus plumas. Su lealtad será para ti escudo y armadura. No temerás el terror de la noche, ni la flecha que vuela en el día, ni a la peste que avanza en las tinieblas, ni al azote que asola el mediodía. Aunque a tu lado caigan mil y diez mil a tu diestra; a ti no te alcanzarán. Te bastará abrir los ojos, y verás que los malvados reciben su merecido, ya que has puesto tu refugio en el Señor y tu cobijo en el Altísimo.

A ti no te alcanzará la desgracia Ni la plaga llegará a tu tienda, pues Él ordenó a sus santos ángeles que te guardarán en todos tus caminos, que te llevarán en sus brazos para que tu pie no tropiece con piedra alguna, andarás sobre el león y la serpiente, pisarás al tigre y al dragón.

Porque Él se ha unido a mí yo lo libraré, Lo protegeré pues conoce mí nombre; si me llama, yo le responderé, estaré con Él en la desgracia. Lo libraré y lo llenaré de honores, le daré una larga vida, le haré gozar de mí salvación.

PODEROSA ORACIÓN DE PROTECCIÓN

"Oh Coraza de la Sangre del Redentor; protégeme en todos mis caminos y batallas espirituales; cubre mis pensamientos, potencias y sentidos con tu coraza protectora, reviste mi cuerpo con tu poder.

Que los dardos incendiarios del maligno, no me toquen ni en el cuerpo, ni en el alma; que ni el veneno, ni el hechizo, ni el ocultismo me hagan daño; que ningún espíritu encarnado o descarnado me perturbe; que Satanás y sus huestes del mal, huyan de mí al ver la Coraza de Tu Sangre Protectora. Libérame de todo mal y peligro Gloriosa Sangre del Redentor, para que pueda cumplir la misión que me ha sido encomendada y dar Gloria a Dios. Me consagro y Te consagro mi familia voluntariamente al Poder de Tu Sangre Protectora

¡Oh mi buen Jesús, libérame a mí y a mi familia y seres queridos de todo mal y peligro. Amén".

CONSAGRACIÓN
A LA PRECIOSA SANGRE DE JESUCRISTO

Consciente de mi nada y de tu sublimidad, misericordioso Salvador, me postro a tus pies, y te agradezco por la gracia que has mostrado hacia mí, ingrata criatura. Te agradezco especialmente por liberarme, mediante tu Sangre Preciosa, del poder destructor de Satanás.

En presencia de mi querida Madre María, mi Ángel Custodio, mi Santo patrono y de toda la corte celestial, me consagro voluntariamente, con corazón sincero, oh queridísimo Jesús, a tu preciosa Sangre, por la cual has redimido al mundo del pecado, de la muerte y del infierno. Te prometo, con la ayuda de tu gracia y con mi mayor empeño, promover y propagar la devoción a tu Sangre Preciosa, precio de nuestra redención, a fin de que tu Sangre adorable sea honrada y glorificada por todos.

De esta manera, deseo reparar por mi deslealtad hacia tu Preciosa Sangre de Amor y compensarte por las muchas profanaciones que los hombres cometen en contra del precioso precio de su salvación. ¡Oh, si mis propios pecados, mi frialdad y todos los actos irrespetuosos que he cometido contra ti, oh santa y preciosa sangre, pudieran ser borrados! He aquí, querido Jesús, que te ofrezco el amor, el honor y la adoración que tu Santísima Madre, tus fieles discípulos y todos los Santos han ofrecido a tu Preciosa Sangre.

Te pido que olvides mi falta de fe y frialdad y que perdones a todos los que te ofenden. ¡Oh Divino Salvador! Rocíame a mí y a todos los hombres con tu Preciosa Sangre, a fin de que te amemos, oh amor crucificado de ahora en adelante con todo nuestro corazón, y que dignamente honremos el precio de nuestra salvación! Amén.

Bajo tu amparo nos acogemos, Santa Madre de Dios, no desprecies nuestras súplicas en las necesidades, antes bien, líbranos de todos los peligros, ¡oh Virgen siempre gloriosa y bendita. Que mi paz os acompañe. No temáis, yo estaré con vosotros hasta la consumación de los tiempos. Soy vuestro Maestro y Pastor. Jesús, el Buen Pastor de todos los tiempos. Ovejas de mi grey, no os quedéis quietas: propagad mis mensajes al mundo entero. Amén.

ROSARIO A SAN MIGUEL
(INSTRUCCIONES)

Se empieza con un Credo y un Padrenuestro; luego se dice: "Mi alma alaba y glorifica a Dios". (3 veces).

Luego se dice: "San Miguel, San Gabriel, San Rafael, rogad a Dios por mí y por mí familia". (3 veces).

Luego se reza un Padrenuestro y se dice: "Quién como Dios". Y los demás contestan: "Nadie como Dios". (10 veces).

Al terminar de decir las 10 veces se vuelve a comenzar como al principio.

AL TERMINAR EL ROSARIO SE DICE:

Gloria a Dios en Cielo, y en la Tierra paz a los hombres que ama el Señor. Por tu inmensa gloria te alabamos, te bendecimos, te adoramos, te glorificamos, te damos gracias, Señor Dios, Rey celestial, Dios Padre todopoderoso. Señor, Hijo único Jesucristo.

Señor Dios, Cordero de Dios, Hijo del Padre; tú que quitas el pecado del mundo, ten piedad de nosotros; tú que quitas el pecado del mundo, atiende nuestra súplica; tú que estás sentado a la derecha del Padre, ten piedad de nosotros; porque sólo tú eres Santo, Sólo tú Señor, sólo tú Altísimo, Jesucristo, con el Espíritu Santo en la gloria de Dios Padre. Amén

Al terminar esta oración se dice (7 veces): "Dad Gloria al Dios de los Cielos". Y los demás contestan: "Porque es eterna su misericordia".

ORACIÓN DE COMBATE DE SAN MIGUEL

Se llama primero a San Miguel, pidiéndole permiso al Padre celestial con el rezo de un Padrenuestro. Luego se dice la oración que se enseñó para estos tiempos:

San Miguel Arcángel: Defiéndenos en la pelea contra Satanás y sus demonios; sed nuestro amparo y protección; que el Altísimo os dé el poder y el permiso para que nos asistáis y que Dios haga oír su voz imperiosa para que expulse a Satanás y sus demonios que quieren hacer perder la humanidad. Que tu grito: "Quién como Dios, someta a Satanás y sus demonios bajo nuestros pies. Amén".

COMUNIÓN ESPIRITUAL

¡Oh sangre de Jesucristo! yo te adoro en tu Eucarística presencia en el altar! Yo creo en tu poder y dulzura. Penetra en mi alma y purifícala en mí corazón, inflámalo. Preciosa sangre de Jesús, realmente presente en la sagrada Hostia, alumbra mi inteligencia, toma posesión de mi mente, circula siempre por mis venas, que todos mis sentidos sean marcados con tu divina unción, que mí corazón palpite sólo por tu gloria y que mis labios te exulten por siempre.

(*La Comunión Espiritual, hecha 3 veces, servirá de alimento espiritual para los días de la purificación, cuando no se pueda recibir la Hostia consagrada*).

ROSARIO DEL BUEN PASTOR

Dado para los tiempos de la tribulación

Se empieza con un Credo y un Padrenuestro. En cada decena se dice: "Oh buen Pastor", y los demás contestan: "Sé nuestro amparo y nuestro refugio".

Al terminar cada decena se dice: "Yo soy el Buen Pastor y el Buen Pastor da la vida por sus ovejas". Se reza un Padrenuestro y vuelve a empezarse como al principio.

Al terminar el Rosario se reza el Salmo 23.

SALMO 23
EL SEÑOR ES MI PASTOR

Él es mi pastor: nada me puede faltar, Ante mí está la mesa y la copa de Cristo; recibí mejor que la unción de aceite sagrado, la del Espíritu Santo (1 Juan 2,27); espero, no el descanso de la muerte, sino el de la resurrección junto al Padre.

El Señor es mi pastor, nada me falta, en verdes pastos él me hace reposar y a donde brota agua fresca me conduce. Fortalece mi alma, por el camino del bueno me dirige por amor de su Nombre. Aunque pase por quebradas muy oscuras no temo ningún mal, porque tú estás conmigo, tu bastón y tu vara me protegen. Me sirves a la mesa frente a mis adversarios, con aceites tú perfumas mi cabeza y rellenas mi copa. Me acompaña tu bondad y tu favor mientras dura mi vida, mi mansión será la casa del Señor por largo, largo tiempo.

CINCO DÍAS A SAN MIGUEL

DÍA 1.

María Inmaculada, dulce madre medianera, reina de los Cielos, humilde te suplicamos que intercedas por nosotros, te ruego a ti y a San Miguel que sus ángeles vengan a librarnos de los obstáculos que se oponen al reino de Dios en el mundo.

DÍA 2.

San Miguel, santo de los combates, te pido que con amor vengas a mi vida, te ofrezco mis alabanzas, te pido que seas mi fiel defensor.

DÍA 3.

San Miguel, Ángel de la Victoria, con mucha fe hoy te alabo, te pido que intervengas ante Nuestro Señor Jesucristo, para que nos cuide bajo su ceno glorioso.

DÍA 4.

San Miguel, Ministro del Altísimo, con fe y devoción en este día te alabo, te pido con ternura, que intercedas frente a la devota virgen para llenarnos de ternura.

DÍA 5.

San Miguel, Guardián del Cielo, os alabo con devoción por la veneración, el amor y el honor que os rinden las jerarquías celestiales de las cuales sois augusto Príncipe.

ORACIÓN DIARIA
A SAN MIGUEL ARCÁNGEL

Yo pecador...

San Miguel, entre los príncipes del Cielo tú eres uno de los más poderosos, te ofrezco en este y todos los días, mis alabanzas y devoción, te ofrezco mi vida, mi alma para que la cubras con tu llama azul, te pido con amor y sumisión que me ayudes a invocar protección.

ORACIÓN DE REVOCACIÓN A SAN MIGUEL ARCÁNGEL

Oh poderoso y glorioso San Miguel Arcángel, tú que eres el encargado de todo en la Tierra, en esta hora y en este momento te elevo mi súplica, con ella te prendo una vela, para que le des un giro importante a mi vida, que reverses cualquier trabajo de magia negra, sortilegio o trabajo que no me deja avanzar como lo deseo. Ayúdame querido y apacible San Miguel y yo prometo servirte en cuerpo y alma.

Te pido en esta hora y este santo momento, por mí, por las personas que amo, te pido que en todos los sentidos el mal sea rechazado y sacado de mi vida, que todos los malos augurios de mis enemigos se reviertan, que todo lo que ocurra para mi sea positivo, que todo en este día esté a mi favor, que esa persona que quiere hacerme daño se le devuelva todo lo que me desea 7 veces y que su vida se convierta en un martirio, así como el que vivió Jesús en la Cruz.

Que todas las cosas que quiera hacer le salgan mal, por desacatar las palabras sagradas de Dios, por estar haciendo cosas que no son de Dios, que se sienta perdido, acosado acorralado, que en sus acciones no encuentre sosiego ni amparo, que caiga todas las veces que cayó Jesús cargando la cruz, que la tercera vez que caiga sea ante mí, ante mis pies para que me pida perdón por haberme ofendido, por el daño que me hizo.

PODEROSA ORACIÓN DE REVOCACIÓN
A SAN MIGUEL ARCÁNGEL

Oh victorioso y muy poderoso San Miguel Arcángel, hoy estoy aquí, frente a ti pidiéndote que reviertas toda mala acción que se haya desatado o enviado a mi contra, yo soy un hijo de Dios que a nadie hago daño, no permitas que me dañen a mí, te pido en este glorioso día que reviertas todo mal que haya en mi contra.

Que todas las personas que quieran verme mal sean enviadas al infierno, que sean castigados, que todo su mal se les revierta, que yo quede como único triunfador en esta batalla que nunca desee pelear.

Te pido hoy príncipe celestial tu ayuda, ayúdame para que pueda vencer estas fuerzas malignas, fuerzas demoníacas, que con el poder de tu espada todo sea vencido, que el maligno se aleje. Se que con tu ayuda y la de la santísima virgen de Guadalupe todo estará bien, sé que podré salir adelante, Amen, en tus manos pongo mi vida y mi futuro San Miguel.

ORACIÓN DE REVOCACIÓN
A SAN MIGUEL ARCÁNGEL (CORTA)

Oh poderoso Arcángel, deshacedor de los malos del mundo, justiciero del Cielo, tú qué vences la maldad, que vences el odio, la codicia, vengo a ti de rodillas, para pedirte que me ayudes, que deshagas todo lo malo que pudo haber llegado a mí, que todo lo que mis enemigos les estén haciendo a mi entorno se les devuelva 7 veces, por tus 7 nudos yo te pido, San Miguel no me desahucies.

ORACIÓN A SAN MIGUEL ARCÁNGEL PARA RECUPERAR EL AMOR PERDIDO

¡Oh Arcángel San Miguel glorioso vencedor, príncipe celestial, el hermoso y poderoso ángel titular! En este momento te pido esta gloriosa ayuda, te pido humildemente escuches mis piadosos ruegos, pon en mi corazón la dulce paz que necesito y ansío. Si no tengo tranquilidad no podré ser feliz y mi alma se mantendrá inquieta, pero para seguir adelante y cuidar de mi vida te pido, con tranquilidad que ayudes a conseguir el amor de (*aquí menciona el nombre completo de la persona que amas*).

¡Oh Arcángel San Miguel, Príncipe de los Cielos!, mi querido y amado protector, por favor no me abandones, escucha mi voz, trae ante mí a (nombre de la persona que amas), necesito que este conmigo, que nuestros corazones vibren juntos, que dejemos de sufrir si nos tenemos el uno al otro. Tú que venciste la batalla de los Cielos, ayúdame en esta ocasión.

En el nombre del padre, del hijo y del espíritu santo, que así sea, así es, así será.

La siguiente oración debes decirla después de decir la pasada oración, con mucha fe.

In Lauden et honorem Dei ae proximi utilitatem. Diminum hon invocaverunt illie trepidaverum timore ubi non erat timor. Amén.

ORACIÓN A SAN MIGUEL ARCÁNGEL CONTRA LOS ENEMIGOS

¡Oh poderoso y celestial San Miguel arcángel! el más cercano a la Divinidad, el defensor celestial sin derrotas, icono de las peleas y la gloria victoriosa sobre las maldades, nuestro arcángel, tan perfecto y tan limpio, ayúdanos a mantenernos firmes contra toda afrenta que se nos presente, para que podamos llegar con bien a nuestra pureza interior, oriéntanos y llévanos sanos y salvos por nuestros senderos para que con tu virtud nos ampares día y noche en nuestras vidas.

Te pedimos que nos ayudes de mano con los Serafines y nos obsequies la dicha de abandonar nuestros pecados y llena nuestros corazones del divino amor por Dios. De la mano de los Querubines protégenos de los robos, de las insinuaciones, de las tentaciones e invitaciones que nuestro enemigo proponga y purifica nuestras almas con tu manto de humildad. De mano con los Tronos jamás dejes que seamos controlados y servidores de los espíritus malvados, por la opresión, abusos y corrupciones, por magia negra y brujería. Bríndanos la dicha de saber utilizar a la perfección nuestros sentidos y corrige nuestras malas mañas.

De la mano con las Dominaciones cuida nuestra fe y concédenos sabiduría y entendimiento. De la mano con los Poderes escucha nuestras peticiones y concédenos una actitud amable para ser serviciales y honestos con los demás.

De la mano con las Virtudes libéranos de nuestros enemigos, de falsas palabras, de malcriados, vergüenzas y blasfemias, de los envidiosos, momentos agobiantes y del odio, de los celos y de los maltratos, de los violentos y despiadados agresores, de los desquiciados y ansiosos, de los infortunios y desgracias...de absolutamente todo el mal que pueda atormentarme, me hiera y me utilice.

De la mano con los Principados ilumíname con el deseo vivaz de desatarnos, tanto a mi familia como a mis amistades, conocidos y el resto de personas que nos rodean, de enfermedades físicas y mentales pero, más que nada, de las espirituales.

De la mano con los Arcángeles convence a nuestro Señor de que nos ayude y nos convierta en palabras andantes de nuestro Señor Jesucristo, para que vivamos en alegría, mucho gozo y llenos del amor divino y de esta manera, podamos compartirla a través de nuestras acciones a los demás.

De la mano con los Ángeles cuídanos en el transcurso de esta vida prestada, y dame tu mano cuando agonice para que seas tú quien me guíe hasta el Cielo para disfrutar con ellos la admiración de la Gloria Eterna de Dios. ¡Que así sea! Amén.

ORACIÓN FERVOROSA
A SAN MIGUEL ARCÁNGEL
PARA QUE NOS AYUDE CON EL DINERO

En nombre del Señor Dios todopoderoso, quien fue el creador del universo, de todo lo que podemos ver y de lo que no, en nombre Jesús hijo de Dios y redentor del mundo, del espíritu santo, quien es el que nos ilumina y nos da entendimiento. Junto al poderoso tres veces Santo y glorioso San Miguel Arcángel, quién es el jefe de las milicias celestiales, por ser el vencedor de satanás.

Hoy estoy aquí para pedir humildemente y por la gracia en intercesión de San Miguel Arcángel, la luz del Cielo llegue a mi vida, que su protección y ayuda estén de mi lado, hoy más que nunca ruego por tu poderosa intercesión. Ruega por mí y por cada uno de los miembros de mi familia.

Mi petición especial para el día de hoy es que me ayudes a encontrar una solución para los problemas y dificultades que estoy presentando por mis fuertes cargas económicas, hoy imploro te apiades y me ayudes a conseguir el dinero que me hace falta para darle tranquilidad mi vida.

Te pido en esta oración que veas cada una de mis necesidades y ésta en especial, a través de esta Oración para el dinero, pido que aceptes mi solicitud y que llenes de paz y tranquilidad mi vida, para que en mi caminar no se presenten obstáculos y además me libres a mí y a los míos de cualquier mal o peligro.

Con toda la fe y devoción y mi corazón lleno de luz, hago esta petición (hacer la petición especial), confiando siempre en tu infinito poder pues sé que cuento con tu ayuda para no dejarme desamparado presentándome oportunidades para conseguir ese dinero que tanto me hace falta.

Siguiendo las palabras de Dios: "pide con fe y serás atendido", es por ello que tengo la seguridad de que tu San Miguel arcángel y la Virgen María me ayudarán en este momento tan difícil, donde mi estabilidad económica no es la mejor. Amén.

PODEROSA ORACIÓN QUE DEBE SER INVOCADA PARA VENCER EL MAL

Oh glorioso arcángel San Miguel, príncipe de los ejércitos celestiales, concédenos nuestra defensa en la terrible lucha que llevamos contra los poderes del mundo de la oscuridad.

Ven en auxilio de los hombres, a quienes Dios creó a su imagen y semejanza, y redimido durante gran parte de la tiranía del demonio.

Lucha en este día la batalla del Señor, junto con los Santos Ángeles, como una vez luchaste contra el líder de los ángeles caídos, Lucifer y sus seguidores,

que perdieron la batalla y su lugar en el Cielo.

Esta antigua y cruel serpiente que sedujo al mundo fue arrojada al abismo con sus ángeles.

Pero ahora este enemigo y destructor de los hombres vuelve a atacar.

Transformado en un ángel de falsa luz, invadiendo la Tierra con una multitud de espíritus malignos, para tratar de eliminar el nombre de Dios y de Cristo, para tomar posesión de la gloria eterna.

Este malvado dragón vierte la corriente más impura de su veneno del mal en las mentes de los hombres depravados y corrupto corazón, el espíritu de la falsedad, la impiedad, la blasfemia y todos los vicios y maldad. Nosotros te adoramos como un protector contra los poderes malignos del infierno; las almas de los hombres que tienen que formarse en la santidad.

Orar al Dios de la paz para poner el Satanás bajo sus pies, tan derrotado que no pueda volver a cautivar a los hombres a no hacer daño a la Iglesia.

Ofrecemos nuestras oraciones ante los ojos del Todopoderoso, para conseguir que la misericordia del Señor; y derrotar al dragón y la serpiente antigua, y encerrarla una vez más en el abismo, para que nunca más nos seduzca. Amén.

Mirad la Cruz del Señor; aleja a los poderes hostiles.

El León de la tribu de Judá ha ganado el linaje de David.

Tiene misericordia de nosotros, oh Señor.

En ti confiamos

Señor, escucha mi oración

Y que mi oración a Ti

OREMOS:

¡Oh Dios, Padre de nuestro Señor Jesucristo! llamando a su Santo Nombre imploramos su misericordia, para que, por la intercesión de María, siempre Virgen Inmaculada y Madre nuestra, y el Glorioso Arcángel San Miguel nos ayudes en la lucha contra Satanás y todos los otros espíritus impuros que andan por el mundo para herir a la raza humana y causar la ruina de las almas. Amén.

San Miguel el arcángel, defiéndenos en la batalla, y no pereceremos en el día del juicio.

San Miguel el arcángel, el primer defensor de la Realeza de Cristo, ruega por nosotros.

ORACIÓN A SAN MIGUEL ARCÁNGEL PARA PEDIR UN DESEO

Glorioso San Miguel Arcángel, el primero entre los Ángeles de Dios, guarda y protector de la Iglesia Católica, recordando que Nuestro Señor os ha confiado la misión de velar por su pueblo, en marcha hacia la vida eterna, pero rodeado de tantos peligros y trampas el dragón infernal, me he postrado a vuestros pies, para implorar con confianza vuestra ayuda, pues no hay necesidad alguna en que no podáis valer.

Sabéis la angustia porque pasa mi alma.

Id a María, nuestra Madre muy amada, id a Jesús y decidle una palabra en mi favor, pues sé que ellos no pueden negarles.

Intercede por la salvación de mi alma y, también ahora, por lo que tanto me preocupa.

(*Decir, como quien conversa, lo que se desea*).

Y si lo que pido no es para gloria de Dios y bien de mi alma, obtenedme paciencia y que yo me conforme con la voluntad divina, pues sabéis lo que es más del agrado de Nuestro Señor y Padre.

En el nombre de Jesús, María y José, atiéndeme.

Se rezan nueve glorias en acción de gracias por todos los dones concedidos por Dios a San Miguel, ya los Nueve coros de Ángeles. Amén.

BREVE ORACIÓN
PARA PEDIR PROTECCIÓN

Príncipe Guardián y Guerrero defiéndeme y protégeme con tu espada. No permitas que ningún mal me alcance. Protégeme contra asaltos, robos, accidentes y contra actos de violencia. Libérame de personas negativas y esparce tu manto y tu escudo de protección en mi hogar, mis hijos y familiares.

Guardad mi trabajo, mis negocios y mis bienes. Traed la paz y la armonía. San Miguel Arcángel, defiéndenos en este combate, cubrimos con vuestro escudo contra los embustes y las trampas del demonio. Instante y humildemente os pedimos, que Dios sobre él impere y vosotros, Príncipe de la milicia celeste, con ese poder divino, precipitad en el infierno a Satanás ya los otros espíritus malignos que vagan por el mundo para perdición de las almas. Amén.

PLEGARIA SOLICITANDO
LA PROTECCIÓN DEL CIELO

¡Oh gloriosísimo San Miguel Arcángel, príncipe y caudillo de los ejércitos celestiales, custodio y defensor de las almas, guarda de la Iglesia, vencedor, terror y espanto de los rebeldes espíritus infernales!

Humildemente te rogamos, te digne librar de todo mal a los que a ti recurrimos con confianza; que tu favor nos ampare, tu fortaleza nos defienda y que, mediante tu incomparable protección adelantemos cada vez más en el servicio del Señor; que tu virtud nos esfuerce todos los días de nuestra vida, especialmente en el trance de la muerte, para que, defendidos por tu poder del infernal dragón y de todas sus asechanzas, cuando salgamos de este mundo seamos presentados por ti, libres de toda culpa, ante la Divina Majestad. Amén.

ARCÁNGEL SAN GABRIEL

SALUDO A SAN GABRIEL

¡Oh glorioso Arcángel San Gabriel! llamado fortaleza de Dios, príncipe excelentísimo entre los espíritus angélicos, embajador del Altísimo, que mereciste ser escogido para anunciar a la Santísima Virgen la Encarnación de divino Verbo en sus purísimas entrañas: yo te suplico tengas a bien rogar a Dios por mí, miserable pecador, para que conociendo y adorando este inefable misterio, logre gozar el fruto de la divina redención en la gloria celestial. Amén.

ORACIÓN A SAN GABRIEL ARCÁNGEL PARA LOGRAR UN EMBARAZO

Arcángel Gabriel, el ángel de la revelación, doy gracias a Dios por hacerte un poderoso mensajero para entregar mensajes divinos. Por favor ayúdame a escuchar lo que Dios tiene que decirme, para que pueda seguir su guía y cumplir sus propósitos en mi vida.

Prepárame para sintonizarme con lo que Dios tiene que decirme a través de su Espíritu purificando mi alma para que mi mente esté clara y mi espíritu esté atento a los mensajes de Dios.

Como el ángel del agua, Gabriel, por favor ayúdame a lavar el pecado de la vida a través de la confesión y el arrepentimiento regularmente para que el pecado no interfiera con mi relación con Dios y pueda discernir claramente lo que Dios me está comunicando.

Ayúdame a deshacerme de actitudes malsanas (como la vergüenza o la codicia) y hábitos malsanos (como una adicción) que están obstaculizando mi capacidad de escuchar claramente los mensajes de Dios por mí.

Purificar mis motivos para querer comunicarme con Dios. Que mis metas primarias sean conocer mejor a Dios y acercarme más a Él, en lugar de tratar de convencer a Dios de que haga lo que yo quiero que haga por mí. Ayúdame a concentrarme en el Dador más que en los dones, confiando en que cuando estoy en una relación amorosa con Dios, él hará naturalmente lo que sea mejor para mí. Amén.

ORACIÓN A SAN GABRIEL ARCÁNGEL PARA LA PROTECCIÓN DE LOS HIJOS

Despeja la confusión y dame la sabiduría que necesito para tomar buenas decisiones, así como la confianza que necesito para actuar en esas decisiones. Hay muchas buenas decisiones para mí sobre qué hacer cada día, pero tengo tiempo y energía limitados, así que necesito que tú, Gabriel, me guíes a lo que es mejor: actividades que me ayuden a perseguir los propósitos únicos de Dios para mi vida.

Aclarar la voluntad de Dios en cada aspecto de mi vida desde mi carrera hasta mis relaciones con mis hijos, para no confundirme sobre los próximos pasos que debo tomar para responder bien a los mensajes de Dios y cumplir los propósitos de Dios para mi vida.

Guíame hacia la solución de los problemas a los que me enfrento. Por favor, envíen ideas frescas a mi mente, ya sea a través de sueños cuando estoy dormido o a través de inspiración milagrosa cuando estoy despierto. Ayúdame a entender cada problema desde la perspectiva de Dios después de orar por él, y muéstrame qué pasos debo seguir para resolverlo. Amén.

ORACIÓN A SAN GABRIEL ARCÁNGEL PARA UNA COMUNICACIÓN EFECTIVA

Enséñame a comunicarme efectivamente con otras personas cuando tengo algo importante que decirles, y a escuchar bien cuando otras personas tienen algo importante que decirme. Muéstrame cómo construir con éxito relaciones de comprensión y respeto mutuo con las personas, en las que podamos aprender de las historias y perspectivas de los demás y trabajar juntos bien a pesar de las diferencias entre nosotros.

Siempre que el proceso de comunicación se haya roto en una de mis relaciones debido a un problema como malentendido o traición, por favor envíame el poder que necesito para superar el problema y empezar a comunicarme bien con esa persona de nuevo. Gracias, Gabriel, por todas las buenas noticias de Dios que traes a la vida de las personas, incluyendo la mía. Amén.

ORACIÓN A SAN GABRIEL ARCÁNGEL PARA LA PROTECCIÓN

¡Oh bendito Arcángel Gabriel! Te suplicamos que intercedas por nosotros ante el trono de la misericordia divina en nuestras necesidades presentes, para que, así como tú anunciaste a María el misterio de la Encarnación, así también a través de tus oraciones y patrocinio en el Cielo obtengamos los beneficios de la misma, y cantemos la alabanza de Dios por siempre en la Tierra de los vivos. Amén.

ORACIÓN A SAN GABRIEL, POR LA INTERCESIÓN

¡Oh bendito Arcángel Gabriel! te suplicamos que intercedas por nosotros ante el trono de la misericordia divina en nuestras necesidades presentes, para que, así como tú anunciaste a María el misterio de la Encarnación, así también a través de tus oraciones y patrocinio en el Cielo obtengamos los beneficios de la misma, y cantemos la alabanza de Dios por siempre en la Tierra de los vivos. Amén.

ORACIÓN A SAN GABRIEL ARCÁNGEL PARA CONSEGUIR EL AMOR

San Gabriel Arcángel, eres el mensajero fiel de Dios, anunciando a Jesús a los que lo recibirían.

Tú nos enseña verdades importantes acerca de quién es Dios. Te pedimos que intercedas por nosotros para conseguir el amor, que Dios ungiría nuestra misión para que también nosotros seamos fieles mensajeros de Jesús. Amén.

ORACIÓN A SAN GABRIEL ARCÁNGEL PARA CASOS DESESPERADOS Y URGENTES

San Gabriel, te pido especialmente este favor (decir lo que desea recibir) lo necesito urgente y como tú siempre me has cumplido lo pongo en tus manos.

A través de vuestro sincero amor por el Hijo de Dios y por su bendita Madre, os ruego que intercedáis por mí para que mi petición sea atendida, si es la santa voluntad de Dios. Ruega porque, así sea. Amén

ORACIÓN A SAN GABRIEL ARCÁNGEL Y A SAN MIGUEL PARA LA PROTECCIÓN

Padre Celestial, tú nos has dado arcángeles para que nos ayuden durante nuestra peregrinación en la Tierra. San Miguel es nuestro protector, le pido que venga en mi ayuda, que luche por mí y me proteja del peligro. San Gabriel es un mensajero de la Buena Nueva, le pido que me ayude claramente escuchar tu voz y enseñarme la verdad. Así sea.

ORACIÓN A SAN GABRIEL
PARA PROTEGERSE DE LAS INJUSTICIAS

Por favor, protégeme de la injusticia. Por favor, permíteme mi libertad y quita mi sufrimiento, he aprendido y ya no sentiré autocompasión. Por favor, quita mis miedos y mi ira, y permíteme amar y ser amado.

Por favor, bendíceme con una vida abundante llena de dinero, viajes y alegría. Por favor, permíteme ser libre de mis ataduras y permíteme viajar, aprender, crecer y sanar a los necesitados.

Por favor, permíteme la grandeza que se supone que debo vivir. Yo te amo, mi querido Arcángel, y ya no te defraudaré más. Por favor, bendíceme con dinero, paz y amor. Me pasaré la vida devolviendo el regalo. Amén

ORACIÓN AL ARCÁNGEL SAN GABRIEL
PARA PEDIR MILAGROS

¡Arcángel Gabriel: embajador de Dios Padre, mensajero de la esperanza, santo Ángel del Señor! Sé tú el mensajero del milagro que espero, sé tú el que solucione mis tristezas y amarguras.

Trae hasta mí el amor de mi Padre el Señor nuestro Dios, para que alivie mis carencias sentimentales, mis necesidades físicas y materiales, para prodigarme la compasión del Señor.

Alivia mi sensación de abandono y soledad, aplaca mi temor, cura mis miedos, mitiga mi angustia.

¡Oh Ángel del Señor! Dame el amor de mi Dios. ¡Oh Ángel del Señor!, Calma mis penas. ¡Oh Ángel del Señor!, Tráeme consuelo.

¡Oh Ángel del Señor!, báñame de luz, ¡Oh Ángel del Señor!, cura mi cuerpo, ¡Oh Ángel del Señor! cura mi corazón, ¡oh Ángel del Señor!, Cura mi alma.

¡Oh Ángel del Señor! Trae hasta mí el milagro, las gracias y bendiciones que tanto espero: (pedir con fe lo que se desea), porque tú eres el emisario del Señor mi Dios, tú eres su alabanza, tú compartes con nosotros la Creación.

¡Oh Ángel del Señor!¡Fortaleza de Dios! En esta hora aciaga trae los dones del Cielo a la Tierra y permite que se produzca el milagro.

¿Qué es la compasión del Señor, ante este tu siervo más humilde y necesitado?

La verdad engendra verdad, y Dios es verdad; el amor engendra vida, y Dios es vida; el Señor crea amor y el amor es el milagro. Amén.

ORACIÓN PARA EL PARTO

Es el momento más importante de mi vida. Por eso, te necesito junto a mi Arcángel Gabriel. Protégeme a mí y a mi bebé. Danos salud y fuerza para superar el parto. Toma nuestras manos en todo momento. Y sé que todo saldrá bien. Amén

ORACIÓN PARA LA SALUD

Hoy pongo mi vida en tus manos Arcángel Gabriel para que durante mi recorrido por el mundo terrenal me llenes de vitalidad y bienestar. Que la enfermedad no me ataque y, si lo hace ayúdame a vencerla. Quédate junto a mí y me sentiré a salvo. Podré vencer cualquier obstáculo. Pero, dame salud para hacerlo, Amén

ORACIÓN PARA QUEDAR EMBARAZADA

Traer una vida al mundo es mi mayor deseo. Pero, se ha vuelto una pesadilla pues no lo consigo Por es hoy Arcángel Gabriel, te pido que me concedas este deseo: déjame convertirme en madre para darle todo mi amor y seguridad a esa pequeña criatura y llevarla por el camino del Señor. Amén

ORACIÓN A SAN GABRIEL ARCÁNGEL PARA RECUPERAR EL AMOR

El amor se ha ido de mi vida, me ha dejado vacío y sin sentido. Me arrodillo ante ti, Arcángel Gabriel pues tu ayuda necesito. Permíteme recuperar el amor que vuelva a estar en mi vida Si no, no habrá sentido para continuar. Te lo ruego. Cúmpleme este anhelo. Amén

ORACIÓN PARA EL DINERO

Coloca una moneda en mi camino, la moneda de la fortuna para que el dinero y las riquezas abunden día a día. Te lo pido Arcángel Gabriel. Ayúdame en la economía y la vida me sonreirá. Amén

ARCÁNGEL SAN RAFAEL

ORACIÓN A SAN RAFAEL ARCÁNGEL
POR LA SANACIÓN DE UNA ENFERMEDAD

¡Oh bondadoso y guía espiritual San Rafael Arcángel! yo te invoco como el patrón de aquellos que están afligidos por la enfermedad o dolencia corporal.

Tú hiciste preparar el remedio que sanó la ceguera del anciano Tobías, y tu nombre significa "El Señor sana".

Me dirijo a ti, misericordioso San Rafael Arcángel, implorando tu auxilio divino en mi necesidad actual (mencionar aquí la petición).

Si es la voluntad de Dios, dígnate a sanar mi enfermedad, o al menos, concédeme la gracia y la fuerza que necesito para poder soportarla con paciencia, ofreciéndola por el perdón de mis pecados y por la salvación de mi alma.

San Rafael, amigo de los caminos, enséñame a unir mis sufrimientos con los de Jesús y de María y buscar la gracia de Dios en la oración y la comunión.

Deseo imitarte en tu afán de hacer la voluntad de Dios en todas las cosas.

Como el joven Tobías, yo te elijo como mi compañero en mi viaje a través de este valle de lágrimas. Deseo seguir tus inspiraciones cada paso del camino, para que pueda llegar al final de mi viaje bajo tu protección constante y en la gracia de Dios.

Oh Arcángel San Rafael Bendito, tú te revelaste a ti mismo como el asistente divino del Trono Dios, ven a mi vida y asísteme en este momento de prueba. Dame la sanación de esta enfermedad que ha traído dolores y desgracias a mi vida.

Concédeme la gracia y la bendición de Dios y el favor que te pido por tu poderosa intercesión.

¡Oh gran Médico de Dios! dígnate a curarme como lo hiciste con Tobías si es la voluntad del Creador.

San Rafael, Recurso de Dios, Ángel de la Salud, Medicina de Dios, ruega por mí. Amén.

ORACIÓN PARA LOS ENFERMOS

Glorioso Arcángel San Rafael, medicina de Dios, guíame en este viaje de aprendizaje y purificación, ayúdame a reconocer las lecciones que me liberen de todas mis culpas, preocupaciones y pensamientos negativos. Sé guía en el camino de la salvación, en ruta al Amor Divino, para ver reflejado en toda la creación, el poder de regeneración y curación de Dios. Te ruego que seas compañero en este viaje por la vida y un apoyo constante con la autoridad que representa tu cayado.

Rodéame con el verde esperanzador y sanador de tu capa, y derrama tu medicina de luz sobre todo mi ser. Gracias amado arcángel Rafael, por tu amor sanador y compañía curativa, en este sagrado peregrinaje del cuerpo, para encontrar la unión con el alma, según la voluntad divina, de manera perfecta, para el bien de todo el mundo, y bajo la gracia de Dios. Amén.

ORACIÓN PARA 21 DÍAS

Señor Dios, Altísimo, protector y creador del universo, permite, te imploro con mi corazón lleno de humildad, que oigas mis sencillos ruegos, que le hago en esta Oración a San Rafael Arcángel durante 21 días, para mi protección. Envíalo, con tu gracia Divina, que me proteja de todos estos males (enumerar los males o dolencias aquí) que han hecho de mi existencia una terrible calamidad, Dios, todo poderoso, presta tu sublime atención a la intercesión, que San Rafael Arcángel hace por mí, bendíceme, Dios. Amén.

ORACIÓN PARA EL NOVIAZGO

San Rafael, amante patrono de aquellos que buscan un compañero para el matrimonio, ayúdame en esta decisión suprema de mi vida. Como padrino de boda, encuéntrame para la vida a la persona cuyo carácter refleje algo de las cualidades distintivas de Jesús y María. Que sea correcta, leal, pura, sincera y noble, para que, con fuerzas unidas y amor casto y desinteresado, podamos educarnos en la perfección del alma y cuerpo, como también a los hijos que Dios confiará a nuestro cuidado. (...) Amén"

ORACIONES DE PROTECCIÓN

Arcángel San Rafael, que dijiste: "Bendecid a Dios todos los días y proclamad sus beneficios. Practicad el bien y no tropezaréis en el mal" Buena es la oración con ayuno, y hacer limosna mejor que atesorar oro te suplico me acompañes en todos mis caminos y me alcances gracias para seguir tus consejos. Amén

¡Oh gran asistente de Dios! Tú que todo lo puedes hacer y a cualquier hombre puedes sanar. Te pido que veles por mi salud, para no sufrir ningún tipo de enfermedad de gravedad. Además, ruego por todos los enfermos quienes sufren de dolores e inquietudes. Para ellos solicito curas apropiadas para que logren salir adelante. Amén.

ORACIÓN A SAN RAFAEL ARCÁNGEL
PARA RESOLVER UN PROBLEMA

Dios eterno y todopoderoso que, con tu sublime cuidado, asignas a cada criatura un ángel guardián, te imploro intercedas por mi para que siempre me proteja de las calamidades y penas.

Mi Dios, mi amparo, mi brazo fuerte, permite que interceda mi ángel guardián, para que me ayude, me ilumine y oriente mis pasos alumbrando mi sendero, y así pueda tomar las decisiones más acertadas en tan difícil momento y de este modo, salir triunfante ante las pruebas que se me puedan presentar, ¡aleluya, me rodeen un coro de ángeles! San Rafael, confío en que intercedas por mí y así lo declaro hecho según tu santa voluntad. Amén.

SIETE INVOCACIONES PARA OBTENER LA GRACIA DEL ARCÁNGEL RAFAEL POR BARTOLO LONGO

I. Excelso arcángel San Rafael, tú que con tu mismo nombre, que significa medicina de Dios, nos hiciste evidente tu virtud y tu carácter, sana, te suplico, mi alma de todas las enfermedades espirituales que me atormentan.

Padre Nuestro, Ave, Gloria.

Bendita la Santísima Trinidad por las gracias concedidas a San Rafael Arcángel.

II. Oh arcángel poderoso que, siendo uno de los siete notables espíritus que asisten al Trono del Altísimo, te dignaste bajo el nombre de Azaría servir de guía al joven Tobías, cuando debía ira a Rages para cobrar a Gabelo; ayúdame, para que aprenda de ti la humildad verdadera, me someta voluntariamente, de acuerdo con las diversas circunstancias, a las personas más bajas e ínfimas, y me adapte para ayudarlas en sus sufrimientos.

Padre Nuestro, Ave María, Gloria.

Bendita la Santísima Trinidad por las gracias concedidas a San Rafael Arcángel.

III. Oh, benigno Arcángel, que con gozo y placer extiendes tus sabias y celestiales enseñanzas en el espíritu del bienaventurado y dócil joven durante todo su viaje, vuelve flexible mi corazón a tus inspiraciones, para que sea puro en cada acción que lleve a cabo durante mi vida.

Padre Nuestro, Ave María, Gloria.

Bendita la Santísima Trinidad por las gracias concedidas a San Rafael Arcángel.

IV. Oh sabio arcángel, que al estar Tobías cerca de ser devorado por el monstruoso pez a orillas del río Tigris, le diste valentía para aferrarlo por las branquias y sacarle el corazón, el hígado y la hiel, para obtener prodigiosas ventajas; dame un valor similar, para que no sea presa de los tres enemigos capitales; por el contrario, al combatir intrépidamente, saque provecho y mérito de sus mismas insidias.

Padre Nuestro, Ave María, Gloria.

Bendita la Santísima Trinidad por las gracias concedidas a San Rafael Arcángel.

V. Oh purísimo arcángel, que liberaste a Sara, hija de Raguel del demonio Asmodeo que la atormentaba, y lanzaste al demonio al desierto de Egipto; libera mi alma del espíritu inmundo, y aléjalo de mí, para que no me venza, ni quede infestado por ese enemigo lisonjero.

Padrenuestro, Ave María, Gloria.

Bendita la Santísima Trinidad por las gracias concedidas a San Rafael Arcángel.

VI. Oh brillante arcángel, medicina de Dios, que enseñaste a Tobías la manera de quitar la densa niebla de los ojos de su viejo padre, y así devolverle perfectamente la vista; quita cualquier velo de mis ojos y mi mente, para que conozca con claridad la voluntad de Dios, y pueda servirlo fielmente y con perseverancia.

Padre Nuestro, Ave María, Gloria.

Bendita la Santísima Trinidad por las gracias concedidas a San Rafael Arcángel.

VII. Oh benéfico arcángel, que tú, finalmente, tras custodiar sano y salvo a Tobías, colmado de riquezas, con su esposa elegida lo volviste papá; vela sobre mí tu humilde servidor, para que, al mantenerme ileso de cualquier mancha de culpa, pueda tras mi peregrinación en la Tierra, lleno de virtud y adornado con vestidos nupciales, ser presentado a mi Padre celestial. Así sea.

Padre Nuestro, Ave, Gloria.

Bendita la Santísima Trinidad por las gracias concedidas a San Rafael Arcángel.

NOVENA AL ARCÁNGEL SAN RAFAEL

Médico y medicina de los dolientes, guía y defensor de los caminantes, abogado y protector de los pretendientes, consuelo y alivio de los afligidos.

FORMA DE HACER ESTA NOVENA
CON MAYOR PERFECCIÓN Y FRUTO

La primera y principal, es confesarse y comulgar, para ponerse por este medio en gracia y amistad con Dios; pues así nos concederá su Majestad, como amigos suyos, los favores que le pedimos y deseamos; y aunque esta diligencia se debía hacer el primer día, se puede trasladar a cualquier día de la Novena.

La segunda y muy especial, es obligar a la Reina de los ángeles, renovando en nuestras almas las devociones antiguas, y acrecentando la confianza en la protección de esta poderosísima Señora; pues todos los beneficios y favores, que comunica Dios a sus criaturas, pasan y se participan por las liberales manos de su santísima Madre.

La tercera y más propia, es procurar imitar aquellas especiales virtudes que ejercitaba el santo Tobías, y por las cuales mereció que el santo Arcángel le comunicase tan singulares favores. Estas, según las refiere el mismo santo Arcángel fueron la oración, la limosna y el ayuno, la caridad con los prójimos, y la misericordia y piedad con los difuntos. Estas mismas procurará ejercitar en cuanto pudiere el que hiciere la Novena y espere lograr lo que tan cumplidamente logró el mismo Tobías, pues como dice la Historia sagrada, el santo Arcángel ofreció, y le consiguió de su Majestad, aun mucho más de lo que deseaba.

Se puede hacer esta Novena en cualquier tiempo del año, cuando la necesidad, o la devoción de cada uno le dictare. Pero parece que será muy acertado, por lo que mirar a la devoción publica, hacerla desde el último jueves del Carnaval hasta el primer viernes de cuaresma; pues en estos nueve días se incluyen los tres de Carnestolendas (periodo que comprende los tres días anteriores al miércoles de ceniza), que serán muy bien empleados, si se gastaren en esta devoción, y no en los pasatiempos y diversiones en que suelen emplearse.

Por lo que toca a la devoción privada de cada uno, podrá hacer la Novena en nueve lunes continuados por ser este día el dedicado a los coros de los ángeles. También la podrá hacer en cualesquiera días y tiempos del año, y tal puede ser la urgencia y la necesidad, que se podrá hacer en el espacio de un día, en nueve tiempos oportunos y discontinuados. También se podrá hacer, cuando se ha de emprender un viaje largo ya sea por Tierra, por ser este santo Arcángel el especial protector de los caminantes. También cuando se pretende tomar estado, por el singular acierto que tiene San Rafael en punto tan dificultoso de acertar. En las cobranzas dificultosas se puede también obligar al santo Arcángel con su Novena, porque fue el más desinteresado agente en la cobranza de Tobías. Y sobre todo en las enfermedades, porque su mismo nombre Rafael, es lo mismo que medicina de Dios.

Y esta sagrada medicina la encontrará siempre con seguridad el que con fervor y confianza hiciere la Novena a este sagrado príncipe y soberano Arcángel San Rafael, procurando hacerla delante de su imagen; ya en la iglesia, de la que está en el altar mayor, ya en su casa, delante de su estampa.

Hincado de rodillas delante de la imagen del glorioso Arcángel San Rafael, se dará principio a su Novena con la señal de la santísima cruz: y levantando el corazón a Dios, procurar alentar la confianza y avivar la fe; haciéndose presente con la consideración a toda la corte celestial, y a la Reina de los ángeles, como especial abogada nuestra, en cuya presencia con humildad, dolor y arrepentimiento, dirá de todo corazón el acto de contrición.

Por la señal de la Santa Cruz,
De nuestros enemigos,
Líbranos Señor,
Dios nuestro.
En el nombre del Padre,
Del Hijo,
Y del Espíritu Santo, Amén.

ACTO DE CONTRICIÓN PARA TODOS LOS DÍAS

Señor mío Jesucristo, Dios y hombre verdadero, Padre, Creador y Redentor mío, por ser Vos quien sois, y porque os amo sobre todas las cosas, me pesa de todo corazón haberos ofendido, y propongo firmemente la enmienda de nunca más pecar, de apartarme de las malas ocasione, confesarme, y cumplir la penitencia que se me fuere impuesta.

Os ofrezco Señor mi vida, obras y trabajos en satisfacción de todos mis pecados; y confío en vuestra bondad, y misericordia infinita me los perdonaréis, y me daréis gracia para enmendarme, y para perseverar en vuestro santo servicio hasta el fin de mi vida. Amén

ORACIONES PARA TODOS LOS DÍAS

Glorioso Arcángel San Rafael, sagrado príncipe de los siete que asisten al trono supremo del mismo Dios; si es para gloria de su Majestad divina y para honra de vuestra alteza, que yo consiga lo que deseo y pido en esta Novena, alcanzadme esta gracia del Señor, y si no enderezad mi petición, y pedid para mí a Dios aquello que más me conviene, para mayor gloria suya, vida y provecho de mi alma.

ORACIÓN

Dios y Señor de los ángeles, a los cuales encomendáis la guarda de los hombres: yo os ofrezco los merecimientos de estos soberanos espíritus, y los de vuestro Arcángel San Rafael, que siendo de los supremos, bajó a ser guía, guarda y compañero de aquel piadoso joven Tobías, librándole en los caminos de los peligros de cuerpo y alma. Yo os suplico, que me concedáis la guarda, guía y protección de este santo Arcángel, y la gracia que pido en esta Novena a mayor honra y gloria vuestra. Amén.

Aquí se rezará tres veces el Padre Nuestro y Ave María. Después se dirá a San Rafael la oración correspondiente a cada día:

DÍA PRIMERO

Santísimo príncipe de la gloria y poderoso Arcángel San Rafael, grande en los bienes de la naturaleza, grande en los dones de la gracia, grande en el ardor de la caridad, grande en el resplandor de la sabiduría, grande en la piedad con los hombres, grande en el poder contra los demonios, grande en la dignidad, grandísimo en la humildad. Medicina de Dios, médico de la salud, príncipe de los médicos, prefecto de las curaciones, salud de los enfermos, luz de los ciegos, gozo de los afligidos, custodio de los caminantes, guía de los peregrinos, maestro de los que desean la perfección, protector de la virtud, celador de la gloria de Dios, ensalzador de la limosna, del ayuno y de la oración.

Te ruego, piadosísimo Príncipe, por aquella caridad con que acompañaste a Tobías el mozo, guardándole de muchos peligros, librándole a él y a Sara su esposa de aquel cruel demonio Asmodeo, sanando al anciano Tobías de la enfermedad que padecía en sus ojos, y llenando su casa y familia de muchos bienes; me asistas en las enfermedades, me acompañes en los caminos, y me defiendas del demonio y de la torpeza, para que viviendo castamente en esta vida, merezca ver la luz de Dios eterna; y también os suplico me alcancéis lo que os pido en esta Novena, si es para mayor gloria de Dios y bien de mi alma. Amén.

Oración final para todos los días.

DÍA SEGUNDO

Dios y Señor de los arcángeles, a los cuales encomendáis los negocios más gravísimos de vuestra gloria, y utilidad de los hombres: yo os ofrezco los merecimientos de estos diligentes espíritus y los de vuestro Arcángel San Rafael, a quien enviasteis, como ministro de vuestras piedades, para asistir a los negocios y encargos de la cobranza y casamiento del obediente mancebo, hijo de Tobías, el cual logró por su medio con toda felicidad lo que deseaba: yo os suplico me concedáis el acierto en todos los negocios que se encargaren a mi cuidado, y el cumplimiento de mis obligaciones, y también la gracia que os pido en esta Novena a mayor honra y gloria vuestra. Amén.

Oración final para todos los días.

DÍA TERCERO

Dios y Señor de los principados, los cuales por medio de los ángeles arcángeles, alumbrando, instruyendo y mandando, cuidan de la salud de los hombres: según la disposición de vuestra divina voluntad; yo os ofrezco los merecimientos de estos celosísimos espíritus, y los de vuestro Arcángel Rafael, el cual instruyó al joven Tobías para que conociese la medicinal virtud de las entrañas de aquel pez, y le alumbró del porte perfecto y santo que había de tener con su esposa Sara, para lograr sin peligro el fruto de bendición: yo os suplico que me concedáis la instrucción y luz de este santo Arcángel para conocer la espiritual medicina de mi alma, y el acierto en el estado en que me pusiere vuestra santísima mano, y la petición que os hago en esta Novena a mayor honra y gloria vuestra. Amén.

Oración final para todos los días.

DÍA CUARTO

Dios y Señor de las potestades, que tienen especial poder para refrenar los demonios; yo os ofrezco los merecimientos de estos poderosísimos espíritus y los de vuestro Arcángel San Rafael, a quien disteis la singular potestad para que ligase y encadenase en el desierto del superior Egipto al cruel enemigo de la pureza y astuto demonio llamado Asmodeo, defendiendo por este medio a los hombres de sus abominables asechanzas: yo os suplico queme concedáis la gracia y virtud de la pureza, defendiendo mi alma de las tentaciones de este cruel enemigo, y me deis en esta Novena a mayor honra y gloria vuestra. Amén.

Oración final para todos los días.

DÍA QUINTO

Dios y Señor de las virtudes, por las cuales hacéis milagros y prodigios propios de vuestro soberano poder; yo os ofrezco los merecimientos de estos prodigiosos espíritus y los de vuestro Arcángel San Rafael, por quien obró vuestra poderosa mano los milagros de dar vista al anciano Tobías, librar del pez a su hijo, defender a Sara de las calumnias de su criada y darle logro feliz de su matrimonio con dichosa sucesión: yo os suplico, que por la mano de este santo Arcángel ejecutéis en mi alma los prodigios de darme luz para conoceros, paso seguro para seguiros, tolerancia para sufrir las injurias, y confianza para esperar el remedio, y me deis lo que os pido en esta Novena a mayor honra y gloria vuestra. Amén.

Oración final para todos los días.

DÍA SEXTO

Dios y Señor de las dominaciones, que presiden a todos los espíritus inferiores, ministros de vuestra providencia, y ellos se sujetan a vuestra voluntad prontos siempre para ejecutarla; yo os ofrezco los méritos de estos excelentes espíritus y los de vuestro Arcángel San Rafael, que siendo de los supremos y superiores espíritus, se humilló y rindió, mostrándose como siervo para conducir al joven Tobías, y restituyéndole a su casa, después de haberle instruido en la perfecta obediencia a su anciano padre y pacifico gobierno con su esposa y familia: yo os suplico que me concedáis una pronta y perfecta obediencia a todos mis mayores y superiores, y la petición que os hago en esta Novena a mayor honra y gloria vuestra. Amén.

Oración final para todos los días.

DÍA SÉPTIMO

Dios y Señor de los tronos en que descansáis, como en trono de vuestra Majestad; yo os ofrezco los merecimientos de estos altísimos espíritus y los de vuestro Arcángel San Rafael, que después de los trabajos de aquel dilatado y peligroso camino, en que acompañó a Tobías, le puso en el descanso y quietud de su familia, logrando en gran consuelo todos los bienes, que por su dirección había conseguido: yo os suplico que me concedáis el descanso y la quietud de vivir siempre en el amparo de vuestra altísima providencia, y otorgarme la petición que os hago en esta Novena a mayor honra y gloria vuestra. Amén.

Oración final para todos los días.

DÍA OCTAVO

Dios y Señor de los querubines, que están adornados de perfectísima sabiduría; yo os ofrezco los merecimientos de estos sapientísimos espíritus y los de vuestro Arcángel San Rafael, que con su admirable sabiduría se dio a conocer, manifestando su excelentísima naturaleza a sus dos encomendados y amigos Tobías el padre y el hijo, y les reveló los soberanos secretos y maravillas de Dios, dejándolos muy ilustrados en su conocimiento y sano temor; yo os suplico, que por la ilustración de este santo Arcángel, alumbréis mi entendimiento, para que yo logre la verdadera ciencia de serviros, agradaros y temeros, y también me otorguéis la gracia que os pido en esta Novena a mayor honra y gloria vuestra. Amén.

Oración final para todos los días.

DÍA NOVENO

Dios y Señor de los serafines, que os aman con un amor ardentísimo; yo os ofrezco los merecimientos de estos abrasados espíritus y los de vuestro Arcángel San Rafael, que con el fuego de su ardentísima caridad dejó encendidos los corazones de toda aquella familia del santo anciano Tobías, en el amor y deseo de servir a vuestra soberana Majestad, con verdadero y perseverante agradecimiento de los favores que recibieron de vuestra mano: yo os suplico que abraséis con vuestro divino amor el velo de mi tibia voluntad, y encendáis mi apagado corazón en un perpetuo agradecimiento a vuestros beneficios, y continua perseverancia en el camino de la virtud, y me deis lo que pido en esta Novena a mayor honra y gloria vuestra. Amén.

Oración final para todos los días.

ORACIÓN FINAL PARA TODOS LOS DÍAS

Después alentando cuanto se pudiere la confianza con las palabras que a cada uno le dictare su afecto, le pedirá a San Rafael el favor que en especial desea conseguir. *(Solicita aquí la gracia que deseas conseguir)*

ORACIÓN A LA SERENÍSIMA
REINA DE LOS ÁNGELES

Serenísima Reina de los ángeles, medicina de la medicina, porque, Señora, sin vos no hay medicamento que sane. Vuestra virtud es el alma de los remedios, como bajó de vos la salud al mundo enfermo, baja por vuestra virtud la salud a todos los enfermos del mundo. Y así, soberana Señora, os suplicamos nos deis al médico perfecto Rafael, para que sea nuestro médico, siendo, Señora, vuestro, y cure nuestros males. Y siendo uno de los siete príncipes nobles que asisten a vuestro trono, por eso serán más gratas tus alabanzas, y para nosotros más poderosa su intercesión: pues lo que pidiere a Dios, a cuyo trono asiste, lo alcanzará, Señora, por vos, asistiendo a vuestro trono.

En el nombre del Padre,
Del Hijo,
Y del Espíritu Santo,
Amén.

ORACIÓN A SAN RAFAEL ARCÁNGEL
PARA EL AMOR IMPOSIBLE

Soberano Arcángel San Rafael, glorioso y bendito espíritu celestial que gozas de la visión beatífica y eterna del Padre, del Hijo, del Espíritu Santo y de María Santísima y eres uno de los siete Arcángeles que están presentes y tienen entrada a la Gloria de Dios, recibe con misericordia esas súplicas y desde los Cielos envíame tus milagros y efectivos rayos para que mi vida cambie para bien y sea mucho mejor.

Glorioso y venerable Arcángel que eres digno de nuestra devoción y agradecimiento por lo mucho que nos das con tu ayuda y protección, por lo mucho que nos amas a los mortales, y por los muchos prodigios que obraba en nuestro favor, ya que eres fiel intercesor ante la Divinidad.

Te solicito escuches mi ruego lleno de desesperación y seas mi gran amigo y bienhechor: expulsar los males de mi cuerpo, aleja los peligros del alma y cuerpo, devuelve el aliento a mí dañado corazón y alivia las grandes penas y necesidades que me afligen.

Guíame, como lo hiciste con Tobías para que sepa atinar el camino correcto, acompáñame para que nadie me pueda hacer mal protégeme para que ningún infortunio me sobresalte, dame consejo en las dudas y fortaleza en la debilidad, y lléname de paz y esperanza, de bienestar y tranquilidad en estos tiempos de tribulación.

Hoy te suplico con ilusión y llegó hasta ti, mi bello San Rafael, para que me rodees en tus alas amorosas, me des un milagroso auxilio en mi necesidad, y el consuelo y el alivio en todas mis aflicciones y enfermedades.

Tú eres fiel compañero y a tu lado todo es posible, te pido tu especial bendición y colaboración ahora que me encuentro triste y agobiado(a) y no encuentro la salida para mis pesadumbres

Tú que estás rodeando el Trono del Altísimo ruégale por mis problemas, por mis dificultades, y, por la sabiduría que Dios te ha concedido, y apelando con todo mi corazón a la Misericordia Divina, que nace del Padre, se expresa en el Hijo y se materializa en el Espíritu Santo; te pido que tengas a bien entregarle mis peticiones para que, si es su voluntad, me envíe su generosa ayuda: (*presentar la solicitud de amor imposible y lo que quieres lograr*).

San Rafael Arcángel, guía Celestial, médico de nuestra salvación, ángel del amor Divino, acude a mí y dame fortaleza en las debilidades, devuélveme la alegría y las ganas de seguir luchando y haz que consiga lo que con gran fe y esperanza he solicitado.

Bendito ángel del dolor y de la curación, alivia y sana mis sufrimientos tanto los del cuerpo, como los del corazón y del alma; sé mi auxilio en este mi complicado caso que parece perdido ilumíname, ayúdame en mi desesperación, y consigue que se alejen mis angustias y desasosiegos.

Te lo pido en el nombre de la Santísima Trinidad y para mayor gloria de Dios, te lo pido por mi Madre Celestial, que es Reina tuya y mía. Gloria a Dios Padre, Gloria a su Hijo único, gloria al Espíritu Santo, ahora y siempre por los siglos de los siglos. Amén. Rezar tres Padrenuestros, tres Avemarías y tres Glorias.

Esta oración tiene que hacerla por siete días consecutivos, y si la petición es muy difícil, entonces reza esta oración por veinte y un días seguidos. El primer y último día se enciende una vela de color rosada, porque estas pidiendo un milagro para un amor imposible o protección de tu relación amorosa.

ORACIÓN PARA LA PROTECCIÓN
EN EL AMOR

Honorable San Rafael, protector y amante de los jóvenes, tengo premio de invocar y pedir tu ayuda. Con toda la fe te abro mi corazón y pido tu guía y asistencia en la importante tarea de planear mi futuro.

Obtenme, a través de tu mediación, la luz de la gracia de Dios, para que decida yo sabiamente respecto a la persona que será la pareja de mi vida. Ángel de los encuentros felices, guíanos con tu mano para encontrarnos uno al otro. Que todos nuestros movimientos sean guiados por tu luz y transfigurados por tu alegría.

Así como guiaste al joven Tobías hacia Sara y les abriste una nueva vida de felicidad en su santo matrimonio, guíame hacia aquel (a) a quien tu sabiduría angelical considere como el (a) mejor para unirse conmigo en matrimonio.

San Rafael, amante patrono de aquellos que buscan un compañero para el matrimonio, ayúdame en esta decisión suprema de mi vida. Como padrino de boda, encuéntrame para la vida a la persona cuyo carácter refleje algo de las cualidades distintivas de Jesús y María.

Que sea correcta, leal, pura, sincera y noble, para que, con fuerzas unidas y amor casto y desinteresado, podamos educarnos en la petición del alma y cuerpo, como también a los hijos que Dios confiará a nuestro cuidado.

San Rafael, Ángel de la vida casta, bendice nuestra amistad y nuestro amor para que el pecado no entre. Que el amor mutuo nos enlace tan firmemente que nuestro hogar sea semejante al hogar de la Sagrada Familia de Nazaret.

Ofrece nuestras oraciones a Dios por ambos y consigue la bendición de Dios sobre nuestro matrimonio, así como fuiste heraldo de la bendición para el matrimonio de Tobías y Sara.

San Rafael, amigo de los jóvenes, se mi amigo porque siempre quiero ser tuyo. Deseo siempre invocarte en mis necesidades. A tu cuidado especial confío la decisión que voy a tomar en relación con mi futuro (a) esposo (a).

Dirígeme hacia la persona con la cual puedo colaborar mejor en el cumplimiento de la santa voluntad de Dios, y con quien puedo vivir en paz, amor y armonía en esta vida, y alcanzar la alegría eterna. Amén.

ORACIÓN PARA CONFLICTOS MATRIMONIALES

Si tu relación matrimonial está pasando por momentos difíciles y aun quieres mucho a tu esposo (a) pero te encuentras confundidos, por lo que está sucediendo entre ustedes, por la falta de respeto a la relación y al compromiso matrimonial, te sugiero reces la siguiente oración a San Rafael Arcángel para sanar la relación amorosa y salvar tu matrimonio.

Oh Admirado San Rafael Arcángel, medicina de Dios, media por nuestro matrimonio hoy en día. Ven y trae a nuestro matrimonio los mismos dones celestiales que les diste a Tobías y a Sara, la gracia de sanación, libertad y de unidad matrimonial.

Origina en nuestros corazones la paz y la seguridad de que nada es imposible para Dios con respeto a la renovación de nuestro matrimonio. Ven, reaviva y dale a nuestro matrimonio un nuevo perdón, una nueva fidelidad, una gracia nueva, una nueva paz, una pureza nueva, una confianza nueva y un nuevo amor.

Oh San Rafael Arcángel, uno de los siete que están delante del trono de Dios, intercede al Padre Piadoso por el milagro de la paz y la reconciliación en nuestro matrimonio, por los méritos infinitos de Nuestro Señor, Jesucristo, y el poder de la fuerza consoladora del Espíritu Santo Oh sagrado San Rafael Arcángel, guíanos en el camino de la paz y la unidad matrimonial. Amantísimo arcángel de la sanación, creo en ti, en tu amparo y en el poder de tu intercesión. Amén.

ORACIÓN PARA PROTECCIÓN DE LOS ENAMORADOS

Esta oración fue elaborada para que implores al Arcángel San Rafael protección extra, cuando te sientas inseguro en tu relación amorosa o creas que tu compromiso amoroso está siendo amenazado por alguna persona o situación de vida como las distancias por motivos laborales, e incluso falta de compromiso por los miembros de la pareja, entonces rezar esta oración te ayudará a centrarte y mejorar la relación de pareja, sea la decisión que tomen para el bien de los dos.

Arcángel San Rafael, que dijiste: "Bendecid a Dios todos los días y proclamad sus beneficios. Practicad el bien y no rozareis en el mal. Buena es la oración con ayuno, y hacer limosna mejor que acumular oro te ruego que nos acompañes en todos nuestros caminos y nos alcances para seguir tus consejos. Amén".

ORACIÓN PARA ATRAER UN NOVIO(A)

Para iniciar esta súplica a San Rafael Arcángel se sugiere, no es obligatorio, que al empezar se prenda una vela de color rosada e iniciar santiguándose y cuando culmines de orar, tomar una posición de confianza y fe en el Arcángel San Rafael, y no seguir pensando en el favor solicitado, y quedar la paz, permitiendo que fluya la energía.

Admirado Arcángel San Rafael, medicina de Dios, que tutelar a Tobías en su viaje para cobrar la deuda de Gabelo, le preparaste un feliz matrimonio y devolviste la vista a su anciano padre Tobit, guíanos en el sendero de la salvación, ayúdanos en las insuficiencias, haz felices nuestros hogares y danos la visión de Dios en el Cielo.

Señor, que diste a tu hijo Tobías como compañero de viaje al Arcángel Rafael, otórgame la gracia de estar siempre resguardados por su custodia y asistidos por sus auxilios. Y concédeme una buena actitud y compromiso para junto con la buena persona, que me ayudaste a conocer. Logremos crear una familia y expandir el amor hacia ti. Por Jesucristo Nuestro Señor, que vive y reina por siempre. Amén.

ARCÁNGEL SAN URIEL

ORACIÓN AL ARCÁNGEL URIEL
PARA EL TRABAJO

¡Oh Dios mío y Señor de todo lo creado tu con tu misericordia te has dignado a enviar a todos tus santos y los ángeles para que siempre nos cuiden y guarden! Te pedimos que nos concedas las peticiones que hoy te hacemos, permite que todo el tiempo seamos defendidos por tu divina y santa protección.

Tú que siempre nos envías a tus ángeles para que siempre guarden nuestra entrada y salida, te pedimos que consideras buena la oportunidad para que nos puedas conceder la petición por medio de la gloriosa intercesión a través de la oración al Arcángel Uriel.

Permite que podamos estar tranquilos y libres de cualquier peligro que estén presentes y aun libranos en contra de cualquier tormenta o adversidad. Buen y glorioso Arcángel Uriel tú que eres muy poderoso en fortaleza te imploro siempre tu protección para que así podamos siempre tener la victoria sobre el mal y cualquier espíritu que pueda atormentarnos.

Arcángel Uriel tu eres uno de los siete que está a la diestra de Dios, eres mi protector te pido me concedas esa gracia que necesito y me permitas conseguir ese trabajo que tanto necesito para el sustento mío y de mi familia, esto que te pido si es tu voluntad concedérmelo y me conviene te pido que seas tu quien me guíe y acompañe para que pueda yo alcanzar el reino de Dios y justicia.

Te pido que me ayudes encontrar un trabajo, yo por mi parte estaré en la búsqueda constante para poder encontrarlo y darle a toda mi familia el bienestar que se merecen, te lo pido gracias de antemano porque sé que le lo concederás. Amén.

ORACIÓN AL ARCÁNGEL URIEL
PARA EL DINERO

Amado, poderoso y buen Arcángel Uriel, yo (en este momento decir tu nombre completo), en esta hora y en este día te invoco en el nombre del todopoderoso, para que tengas a bien cubrirme con la sagrada llama de Oro rubí y así puedas llenar todo mi ser con esa tus buenas virtudes.

Oh piadoso y buen Arcángel Uriel, te pido y te ruego que siempre estés presente llenando mi mente de amor y sabiduría para así yo poder comprender y ver de otra manera porque suceden tantas cosas sin sentido en esta vida y así me concedas una vista poderosa para poder así conseguir la solución debida a casa caso, que seas tú y tu divina misericordia las que me llenen por siempre.

Te doy gracias infinitas padre celestial por dejar que el Arcángel Uriel pueda interceder por mi petición, y por esa gracia infinita que me das a través de él ahora tengo la certeza de que yo soy una persona en abundancia buena, yo soy una persona que tiene riqueza en paz, yo además soy una persona con una luz inmensa y radiante, yo merezco que me amen con mucha pasión, merezco ser feliz y además la prosperidad económica que necesito.

Tú mi Señor de Señores sé que me amas más que a tu ser, así como también tengo amor de los ángeles que has puesto para que me guíen y además me protejan en cada paso que doy en casi todas las áreas de mi vida, hoy es el día en que yo creo que va a comenzar la liberación total y absoluta de mis ataduras económicas, es el Arcángel Uriel quien es este preciso momento me está llenando por completo con sus espléndidos regalos tanto monetarios como espirituales y materiales.

Te pido a través de la oración al Arcángel Uriel desde lo más profundo de mi corazón que me perdones sin el algún momento he fallado o no he querido el dinero por no querer tenerlo en abundancia y también por juzgar mal a quienes si lo tienen, en este momento yo cancelo ahora y por siempre los prejuicios que mantenía con respecto a la riqueza y desde ahora prometo siempre dar gracias a mi padre que es el creador y también a ti mi buen Arcángel Uriel todo bien material que desde ahora posea.

Te pido a través de la oración al Arcángel Uriel me concedas las peticiones de mi corazón y así poder sacar de mi vida cualquier carencia que haya tenido, de todos mis errores, te pido ahora y para siempre mi bienestar y prosperidad, siento tu gran poder divino, ese gran amor que me rodea y permite que mi mente y alma se sanen, estas bendiciones siempre las compartiré y te seré agradecido por siempre. Amén.

ORACIÓN AL ARCÁNGEL URIEL
PARA LOS ESTUDIOS

Amado y querido padre celestial que nos creaste y nos guías en todo momento para recibir lo bueno del universo, tu que eres el dador de la vida hoy venimos a ti pidiéndote tu protección, tu amor y sobre todo tu inspiración divina, yo quiero conectar a ti mi alma y también mis pensamientos para que corran ríos de agua viva.

Quiero que junto a ti reine la unidad que mi alma vibre y se conecte solo contigo, que reine solo el gozo y la felicidad junto contigo mi padre celestial, que se conecte mi alma y la protección del Arcángel Uriel en este momento y traiga sabiduría para mis estudios, para lograr lo que me he propuesto y pueda aprobar con éxito todos mis exámenes y materias y así ser un excelente profesional y poder conseguir un buen empleo donde pueda dar a mi familia más de lo que aspiran.

Padre amado a Ti te pido puedas darme esa oportunidad que te pido y la sabiduría necesaria para terminar satisfactoriamente y en feliz término todos mis estudios, tú sabes que son parte importante y fundamental en mi vida, te doy gracias de antemano porque sé que me concederás lo que te pido, bendito seas mi rey amado.

Arcángel Uriel con el permiso del padre celestial te pido que seas mi ángel protector y me acompañes a donde quiera que yo vaya, se mi guía en todas mis acciones y lo que haga, te pido por mí y por mi familia, gracias por estar presente en todas las etapas de mi vida.

ORACIÓN AL ARCÁNGEL URIEL
PARA LA ABUNDANCIA

En este día te invocamos Arcángel Uriel, tú que eres el rostro y el fuego de nuestro Dios, hoy con fervor te buscamos como una grata presencia luminosa de paz, para que esa tu sutil esencia pueda entrar en todas y cada una de nuestras células y de esta manera nos pueda hacer sentir esa calma y serenidad que pueda haber en nuestras almas y así podamos dar expansión a todos nuestros familiares e incluso al mundo entero.

Tú bendito y bueno Arcángel Uriel te pido que seas tu cubriéndonos con tu bendita y sagrada luz de color naranja, te pido que elimines todos los miedos que pueda tener a escases y creencias erradas que puedan apartarnos de la bendición y la abundancia, Dios nos tiene preparado un mundo de bendiciones y que nada nos aparte de esto.

Te damos infinitas gracias por darnos este hermoso regalo de abundantes bendiciones, alegría y de mucha sabiduría, esto siempre para tomar buenas decisiones que sean de provecho, te damos gracias también por colocar en nuestras mentes ese grado de servicio y humanidad para con todos los que nos rodean, gracias te doy y por todo lo que ayudas por tu gran poder que día a día se pone de manifiesto en mi vida. Amén.

ORACIÓN AL ARCÁNGEL URIEL
PARA LA PROTECCIÓN

Oh bendito Dios creador del universo que siempre eres digno y envías aquí a la Tierra tus poderosos ángeles para que siempre estén pendientes de nosotros y en nuestro cuidado, te pedimos que tomes en cuenta nuestras suplicas y podamos ser objetos de protección y siempre defendernos.

Padre eterno tú que nos entregas en total confianza a tus ángeles y así nos guarden en todos los caminos, te pedimos que en esta ocasión a través de tu poderosa intercesión se nos abran todas las puertas, que no nos acerquemos la peligro y que siempre nos guardes ante cualquier adversidad venidera.

Poderoso y glorioso Arcángel Uriel tú que eres llamado el mensajero puro y divino de Dios se nuestra fortaleza en momentos de desesperación, cuando estemos por desfallecer cuídanos, guíanos te suplico que siempre estés en constante cuidado de nosotros para que siempre seamos victoriosos, que ningún espíritu que venga contra nosotros a hacernos maldad nos alcance.

Tú Arcángel Uriel eres mi buen protector, te pido que en este día tú me concedas la gracia que yo te solicito (*en este momento hacer la petición*), y te pido Señor que si todo lo que te pido es a bien para mi me lo concedas, porque sé que tu voluntad es buena es agradable y es perfecta, que siempre es acompañada y con buena guía, que seas tu siempre llevándome a los lugares correctos y así poder alcanzar la vida eterna. Amén.

ORACIÓN AL ARCÁNGEL URIEL
PARA EL AMOR

Poderoso y buen Arcángel Uriel tú que eres uno de los siete ángeles que estas al servicio de Dios y cerca de su trono ten a bien darnos tu bendición y mantenernos protegidos de todo mal y peligro que quiera acercarse a dañarnos, tú eres escogido por nuestro Dios todopoderoso parar ser el mensajero y protector de todos los que te invocamos, gracias por ser esa luz brillante en medio de la oscuridad.

Eres un destello de luz tan grande que pude arroparnos a todos en medio del desierto, hoy venimos a ti con gran ilusión y desespero a suplicarte que cubras con tu luz brillante el amor que hoy nos embarga a (decir nombre de las personas), para que lo cuides y protejas, no permitas que nadie lo dañe, que ningún espíritu maligno se interponga para dañarlo, bello Arcángel Uriel, se luz se protección en este mundo donde la maldad quiere alcanzarnos.

Padre celestial escucha la intercesión de este tu ángel celestial para que podamos obtener tu gracia divina y podamos siempre estar protegidos de todo mal que se acerque, nuestro amor es grande y queremos mantenerlo unido y limpio.

Te pido que siempre estemos en completa paz, que podamos tener comunicación, respeto, confianza y que tú siempre seas nuestro guía en el diario andar y en este largo recorrido que nos falta, mantennos unidos por toda la vida y aun cuando nos toque partir nos reencontremos allá contigo Señor mi Dios.

Permítenos abrazarnos a la fe por siempre, no nos desampares nunca, se nuestro eterno guía y consolador, no dejes que otros dañen esta fe y amor por ti, más bien haz que crezca cada día más y así podamos llevar las buenas nuevas de salvación a otros, bendito eres mi Señor y Dios de todos, tú eres el que tiene el poder y lo establece en la Tierra, a ti te creemos y te imploramos tu infinita misericordia ahora y por siempre.

Bendito eres mi rey amado a ti bendigo por siempre con toda bendición, eres ángel y luz sin ti no somos nada en esta vida, no podemos ni siquiera respirar sino es por tu santa voluntad, queremos cumplirla y que establezcas tu reino en esta Tierra que se ha llenado de maldad y los corazones se han envilecido, ten infinita misericordia de todos nosotros, bendito seas te alabamos todo tu pueblo. Amén

ORACIÓN AL ARCÁNGEL URIEL SALMO 70

Arcángel Uriel yo (*en este momento mencionas tu nombre*) que estoy buscándote, debo reconocer que soy parte de un todo y que además soy merecedor de grandes cosas, de la prosperidad, de la abundancia y además de ser feliz, te pido que me ayudes con prontitud, (en este momento realiza la petición) y leer el salmo 70.

SALMO 70

1 Oh Dios, acude a librarme;
Apresúrate, oh Dios, a socorrerme.
2 Sean avergonzados y confundidos
Los que buscan mi vida;
Sean vueltos atrás y avergonzados
Los que mi mal desean.
3 Sean vueltos atrás, en pago de su afrenta hecha,

Los que dicen: ¡Ah! ¡Ah!

4 Gócense y alégrense en ti todos los que te buscan,
Y digan siempre los que aman tu salvación:
Engrandecido sea Dios.

5 Yo estoy afligido y menesteroso;
Apresúrate a mí, oh Dios.

ORACIONES CLÁSICAS

PADRE NUESTRO

Padre nuestro, que estás en el Cielo, santificado sea tu Nombre; venga a nosotros tu reino; hágase tu voluntad en la Tierra como en el Cielo.

Danos hoy nuestro pan de cada día; perdona nuestras ofensas, como también nosotros perdonamos a los que nos ofenden; no nos dejes caer en la tentación, y líbranos del mal. Amén.

AVE MARÍA

Dios te salve María llena eres de gracia. el Señor es contigo; bendita tú eres entre todas las mujeres, y bendito es el fruto de tu vientre, Jesús.

Santa María, Madre de Dios, ruega por nosotros, pecadores, ahora y en la horade nuestra muerte. Amén

CREDO

Creo en Dios, Padre Todopoderoso, Creador del Cielo y de la Tierra. Creo en Jesucristo su único Hijo Nuestro Señor, que fue concebido por obra y gracia del Espíritu Santo. Nació de Santa María Virgen, padeció bajo el poder de Poncio Pilato, fue crucificado, muerto y sepultado, descendió a los infiernos, al tercer día resucitó de entre los muertos, subió a los Cielos y está sentado a la derecha de Dios Padre, todopoderoso.

Desde allí va a venir a juzgar a vivos y muertos. Creo en el Espíritu Santo, la Santa Iglesia católica la comunión de los santos, el perdón de los pecados, la resurrección de la carne y la vida eterna. Amén

GLORIA A DIOS EN EL CIELO

Gloria a Dios en el Cielo, y en la Tierra paz a los hombres que ama el Señor.

Por tu inmensa gloria te alabamos, te bendecimos, te adoramos, te glorificamos, te damos gracias, Señor Dios, Rey celestial, Dios Padre todopoderoso Señor, Hijo único, Jesucristo.

Señor Dios, Cordero de Dios, Hijo del Padre; tú que quitas el pecado del mundo, ten piedad de nosotros; tú que quitas el pecado del mundo, atiende nuestra súplica; tú que estás sentado a la derecha del Padre, ten piedad de nosotros; porque sólo tú eres Santo, sólo tú Señor, sólo tú Altísimo, Jesucristo, con el Espíritu Santo en la gloria de Dios Padre. Amén.

LA SEÑAL DE LA CRUZ

Por la señal de la santa cruz + de nuestros enemigos +líbranos, Señor, Dios nuestro + En el nombre del Padre y del Hijo y del Espíritu Santo + Amén.

SEÑOR MÍO JESUCRISTO

Señor mío, Jesucristo, Dios y Hombre verdadero, Creador, Padre y Redentor mío, por ser Vos quién sois y porque os amo sobre todas las cosas, me pesa de todo corazón haberos ofendido; propongo firmemente nunca más pecar, apartarme de todas las ocasiones de ofenderos, confesarme y, cumplir la penitencia que me fuera impuesta.

Ofrezco, Señor, mi vida, obras y trabajos, en satisfacción de todos mis pecados, y, así como lo suplico, así confío en vuestra bondad y misericordia infinita, que los perdonaréis, por los méritos de vuestra preciosísima sangre, pasión y muerte, y me daréis gracia para enmendarme, y perseverar en vuestro santo amor y servicio, hasta el fin de mi vida. Amén.

Made in the USA
Las Vegas, NV
02 March 2024

86633526R00059